TABLA DE CONTENIDO

ANTES DE EMPEZAR A JUGAR 1

PRACTICAR EN EL CURSO ANTES DE LA RONDA: generalmente no se permite en el juego por golpes, pero generalmente se permite en el juego por partidos. 1

PRACTICANDO EN EL CURSO DURANTE UNA RONDA: no se permite cuando se juega un hoyo. 1

LOS JUGADORES ESTÁN SOMETIDOS A LLAMAR PENAS EN MISMO – DQ (Descalificado) si el jugador, a sabiendas, no se castiga con él. 2

"PENALIDAD GENERAL": significa una penalización de 2 golpes en el juego por golpes y la pérdida de un hoyo en el juego 2

En match play, una "penalización general" es la pérdida de hoyo (Definiciones). 2

COMPRUEBE LAS REGLAS LOCALES: verifique que no haya zonas de juego, limpie y coloque espacios, zonas de arrastre, etc 2

JUEGO DE TRAZO - Debe esconderse y gana el puntaje más bajo. 3

MATCH PLAY - Basado en hoyos ganados 3

El juego por golpes requiere hacer un hueco en cada hoyo.. 3

FORMATO DE PUNTUACIÓN MÁXIMA: permite que el jugador recoja después de alcanzar la puntuación máxima para ese hoyo 4

LLEGUE A TIEMPO PARA SU CAMISETA TIEMPO PARA EVITAR LAS PENALIDADES: menos de 5 minutos de retraso es una multa general y más de 5 minutos de retraso pueden ser DQ (descalificado). 4

JUEGO LENTO: 1 golpe para el primer retraso, penalización general para el segundo retraso y DQ para el tercer retraso 5

DISPOSITIVOS DE MEDICIÓN A DISTANCIA - Permitidos 5

CÓDIGO DE CONDUCTA - Posibles sanciones 6

14 CLUBES MÁX. - Si son más de 14, la penalización es de 2 golpes por agujero (4 agujeros máximo) o pérdida de agujero (2 agujeros máximo). 6

PERDER UN CLUB DURANTE EL JUEGO: el jugador debe jugar sin él. Si pierdes un palo durante el juego que se encuentra más tarde, puedes usarlo nuevamente. Pero si no se puede encontrar, debes jugar sin él y no puedes agregar un club (Regla 4). 7

CLUBES AJUSTABLES: un jugador no puede ajustar un palo ajustable durante el juego. Si tiene palos ajustables, verifique los ajustes que ha realizado ya que no puede ajustarlos durante la ronda (Regla 4). 7

APRIETE LA CLUB O EL EJE - Permitido 7

¿CÓMO FUNCIONA ESTE LIBRO?

Este libro responderá a la mayoría de las preguntas sobre reglas de golf en un lenguaje claro y comprensible, y le brinda una descripción general rápida de las reglas y sanciones que entran en juego cuando necesita una respuesta rápida. Incluye los cambios principales de USGA y R & A 2019, así como las reglas de golf que surgen con frecuencia y no cambiaron, y se pueden usar para el juego por golpes y la partida.

Las reglas están en 7 secciones para el área del curso donde las reglas entran en juego para una referencia fácil: **Antes de comenzar a jugar, Área de tee, Área general (Fairway y Rough, etc.), Relieve en el área general, Áreas de penalización, Bunkers y Verduras.** Algunas reglas se repiten en varias secciones para una referencia rápida. Se incluyen las reglas de carrera y juego.

Las siguientes páginas, "**RESUMEN DE REGLAS RÁPIDAS**" responderán a la mayoría de las preguntas sobre reglas de golf en segundos con más información se muestra en la referencia de la página junto con la referencia oficial de la regla de golf.

No tiene que recordar todas las reglas si mantiene esta guía a la mano para obtener respuestas rápidas a la mayoría de las preguntas de reglas y qué hacer a continuación. ¡Feliz golf!

Atentamente, Equipo Golfwell

Guía rápida de la

REGLAS DE GOLF

Una guía rápida y práctica de las reglas de golf

2019

(edición de bolsillo)

TeamGolfwell

Publicado por Pacific Trust Holdings

NZ Ltd.

Guía rápida de las reglas del golf: Guía de bolsillo de las reglas del golf 2019, Copyright © 2019, Pacific Trust Holdings NZ Ltd. Todos los derechos reservados. Ninguna parte de esta publicación puede ser reproducida, distribuida o transmitida de ninguna forma ni por ningún medio, incluyendo fotocopiado, grabación u otros métodos electrónicos o mecánicos, sin el permiso previo por escrito del editor, excepto en el caso de citas breves incorporadas. en revisiones críticas y ciertos otros usos no comerciales permitidos por la ley de derechos de autor.

Este es un libro de referencia rápida a las Reglas de Golf. Los pronombres utilizados en este libro utilizan el género masculino, pero también incluyen el género femenino y el singular incluirá el plural, y viceversa, según lo requiera el contexto.

PRESTAR O COMPARTIR CLUBES - No está permitido. 8

CAMBIO DE PELOTAS DE GOLF: Se permite entre orificios, al tomar alivio o cuando la bola está dañada. Juegas la misma bola desde el tee hasta el hueco en un hoyo. Puede cambiar las bolas sin penalización entre los hoyos o al tomar alivio (Reglas 6 y 14)............................ 8

MULLIGANS, ETC. - Los jugadores no pueden aceptar ignorar las reglas 8

AREA DE CAMISETAS 10

ORDEN PARA APAGARSE LA PRIMERA TEE: comience a girar en el orden indicado en el calendario de tee; de lo contrario, por acuerdo o método aleatorio 10

ASESORAMIENTO SOBRE EL CURSO: solicitar o dar consejos está bien si se trata de información pública (por ejemplo, distancias). 10

DIMENSIONES DEL ÁREA DEL TEE: un área rectangular que mide 2 palos hacia atrás desde el borde delantero de los marcadores en T 11

CÓMO USAR UNA CAMISETA: no se requiere que un jugador use un tee cuando esté tirando 12

USO DE TWIGS, ETC. PARA ALINEARSE UN TIRO - No permitido 12

WHIFFS - Cuentan como trazos 12

SI UN JUGADOR DA ACCIDENTE A LA BOLA O SI FALTA LA TEE POR SÍ MISMO: no hay penalidad y el jugador puede volver a lanzar la pelota 13

NO SE PERMITEN MARCAR A LOS MARCADORES DE TEE MIENTRAS QUE TEEING OFF - Pero está bien si el jugador no está en el área de salida del hoyo que se está jugando 13

TEE SHOT SE OBTIENE O PIERDE: juegue una bola provisional o considere las opciones de reglas locales. 14

¿ES UNA BOLA OB O NO OB? - La bola entera debe estar fuera de límites para que sea OB 17

NO SE PERMITE UNA BOLA PROVISIONAL - Por una pelota golpeada en un Área de Penalización. 18

LA BOLA ACCIDE ADECUAMENTE AL JUGADOR O ALGO MÁS - No hay penalización y juegue como está. 18

REEMPLAZO DE CLUBES DAÑADOS: puede reemplazar un palo dañado si no lo dañó 19

REPARACIÓN Y USO DE UN CLUB DAÑADO - Permitido. A partir de 2019, un jugador puede usar un palo dañado incluso si el jugador lo dañó enojado 19

LA PELOTA SE ROMPERA EN PIEZAS DESPUÉS DE UN DISPARO: repite el disparo sin penalización 20

EL ÁREA GENERAL - FAIRWAY, ROUGH, ETC. 21

"ÁREA GENERAL" significa Fairway, Rough, Fringe, etc. 21

ÁREAS DE CURSO DE GOLF: una pelota siempre se trata como si estuviera en una sola área 21

MOVIMIENTO ACCIDENTALMENTE DE SU PELOTA EN EL ÁREA TEGENERAL: un jugador incurre en un golpe de penalización si el jugador hace que su bola se mueva. 22

OTRA BOLA INTERFIERE CON TU TIRO - Solicita al otro jugador que marque su bola. 23

LIMPIEZA DE SU BOLA: Generalmente se permite cuando lo levanta según las reglas, excepto, 1. Cuando lo levanta para identificarlo, 2. Cuando lo inspecciona para detectar daños, 3. Cuando lo levanta ya que interfiere con otra bola, o 4. Cuando lo levantas para ver si está en una condición de alivio. Cuando levantas tu bola bajo las reglas del área general (por ejemplo, te encuentras con agua temporal, etc.), puedes limpiar tu bola. 23

LEVANTAR SU BOLA EN EL VERDE: puede levantar y limpiar su bola sin penalización. 24

MEJORA DE LAS CONDICIONES DE TU TIRO - No permitido 25

DECLARANDO UNA PELOTA IMPLÍCIBLE: le ofrece 3 opciones con 1 golpe de penalización: 1. Repita el disparo (es decir, el golpe y la distancia), 2. Relieve en la línea o 3. Realice una caída lateral de 2 palos. 25

LA BOLA SE MUEVE POR OTRA - Reemplácela sin penalización 26

BOLA MOVIDA POR FUERZAS NATURALES - Juega como se encuentra 26

CLUBS DE COLOCACIÓN ETC. EN EL TERRENO PARA ALINEACIÓN - No permitido 26

NO ESTÁ SEGURO DE UNA REGLA - Juega 2 bolas . 27

ELIMINAR LOS IMPEDIMENTOS SUELTOS: el jugador incurre en un golpe de penalización si el jugador mueve su bola mientras lo hace. Usted es libre de eliminar impedimentos sueltos, pero si mueve su bola mientras lo hace, incurre en un golpe de penalización (Regla 15) .. 28

ELIMINACIÓN DE OBSTRUCCIONES MÓVILES - OK sin penalización 28

BOLA PERDIDA: límite de tiempo de búsqueda de 3 minutos y, si no se encuentra en 3 minutos, se considera una bola perdida. Anteriormente, tenías 5 minutos para buscar tu bola 28

BOLA DEFLECTADA ACCIDENTALMENTE: juegue como queda sin penalización 29

JUGANDO LA BOLA INCORRECTA - Se incurre en una penalización general. 30

BOLA DE GOLPE DOBLE O MÚLTIPLE: cuenta como 1 golpe. A partir de 2019, no hay penalización por un doble golpe accidental o golpes múltiples accidentales en un golpe y solo cuentan como un golpe 31

LISTO GOLF - Permitido 31

ASESORAMIENTO (SOLICITANDO O DANDO CONSEJOS): solo se permite si se trata de información pública 32

ILUMINACIÓN - Marcar y recoger 33

RELIEVE EN LA ZONA GENERAL 34

MARCAR LA BOLA ANTES DE LEVANTAR: si no está marcado, el jugador incurre en un golpe de penalización. 34

CAMBIO DE PELOTAS DE GOLF: está permitido cuando toma alivio, entre orificios o si su bola está dañada 34

ENCONTRAR EL PUNTO DE RELIEVE MÁS CERCANO: no hay más cerca del orificio 34

CONDICIONES ANORMALES DEL TERRENO - Obtiene alivio gratis para hoyos de animales, G.U.R., obstrucciones inamovibles o agua temporal 36

AGUJEROS ANIMALES - Relieve libre. 37

AGUA TEMPORAL - Alivio gratuito. 38

CONDICIONES ANIMALES PELIGROSAS - Alivio gratuito 38

OBSTRUCCIONES MÓVILES - Alivio gratuito 39

LA PELOTA LLEVA A DESARROLLARSE POR UNA OBSTRUCCIÓN MÓVIL - Alivio gratuito 39

BOLA EMBEDDED - Relieve gratis 40

INCORRECTO VERDE - Alivio gratuito 40

SALTAR DESDE LA ALTURA DE LA RODILLA: procedimientos, etc.. 41

ROLLOS DE BOLAS FUERA DEL ÁREA DE ALIVIO DESPUÉS DE LA GOTA - Procedimientos 42

ELIMINAR CUANDO UN JUGADOR DEBE REEMPLAZARSE O VICE-VERSA: el jugador incurre en una penalización general 43

OTRA BOLA INTERFERA CON TU JUEGO: pide al otro jugador que la marque o el otro jugador puede jugar su bola primero Juego por golpes. Si otra bola está demasiado cerca de tu bola para que interfiera con tu tiro, hay 2 opciones. Primero, puedes pedirle al otro jugador que lo levante. El otro jugador marca y levanta su bola. Si el otro jugador no lo marca o limpia su bola, incurre en una penalización de 1 golpe. Segundo, en el juego por golpes, el otro jugador tiene la opción de jugar primero en lugar de marcar y levantar su bola (Regla 15).
.... 44

BOLA EMBEDIDA EN ARENA LLENA DIVOTA O DRENAJE - Posible alivio libre en el área general si el césped se corta a la altura de la calle. Esto puede ser un área gris, pero si una bola está realmente incrustada en la arena de la calle o en otra parte del área general, se puede argumentar que se permite el alivio libre si la arena en la que está incrustada la bola está en el campo general. Área que se corta a la altura de la calle o menos. Esto significaría que, en efecto, obtendrás alivio para una bola incrustada en su propia marca de lanzamiento en un divot lleno de arena o drenaje en la calle, siempre que la arena o el drenaje estén en un área cortada a la altura de la calle o menos (Regla 16.3a y excepciones bajo esa regla).................................... 45

PENALIZACIÓN POR OB O LA BOLA PERDIDA - Golpe y distancia o siga las reglas locales. Cuando un jugador golpea su bola desde el área general fuera de límites o pierde su bola, incurre en una penalización de 1 golpe y el jugador debe regresar y jugar la bola desde el lugar original donde estaba (es decir, dar un golpe y distancia). alivio). Una bola se considera perdida si no se encuentra en 3 minutos una vez que comienza a buscarla. Si crees que golpeaste tu OB de bola, o puede que se pierda, normalmente juegas una bola provisional desde donde golpeas tu bola original. 46

DECLARANDO SU BOLA IMPRIMIBLE: le ofrece tres opciones, 1. Tome el alivio de carrera y distancia, 2. Relieve en la línea o 3. Tome una caída lateral de 2 palos, no cerca del hoyo. 50

Busque las zonas de caída designadas. 51

ZONAS DE PENALIDAD 52

EL COMITÉ PUEDE DESIGNAR ÁREAS DE PENALIZACIÓN. 52

ÁREAS DE PENALIZACIÓN AMARILLAS Y ROJAS: el jugador puede jugar la pelota como se encuentra sin penalización. 52

ALIVIO DEL ÁREA DE PENALIZACIÓN AMARILLA ESTABLECIDA - Tome el alivio de carrera y distancia o el alivio de línea atrás 53

ALIVIO DEL ÁREA DE PENALIZACIÓN ROJA - Ejecute el golpe y la distancia, el alivio en la línea (igual que el área de penalización amarilla) o (además) tome una caída lateral de 2 palos 54

OK PARA CLUB DE TIERRA, TOMAR PRÁCTICA DE SWINGS, ETC. EN UNA ZONA PENAL - Ahora permitido. 54

ELIMINACIÓN DE IMPEDIMENTOS SUELTOS EN ÁREAS DE PENA - Permitido. 55

NO HAY ALIVIO LIBRE EN UN ÁREA DE PENALIZACIÓN POR CONDICIONES ANORMALES DEL CURSO O EN LA BASURA: el jugador debe tomar el alivio del área de penalización 55

NINGUNA BOLA DE DECLARACIÓN IMPRIMIBLE EN UN ÁREA DE PENALIZACIÓN: un jugador debe tomar el alivio de área de penalización correspondiente 56

BOLA PERDIDA EN EL ÁREA DE PENALIZACIÓN: si un jugador está seguro de que su bola entró en un área de penalización y no puede encontrarla, debe tomar el alivio de área de penalización correspondiente 56

NINGUNA ZONA DE JUEGO EN UN ÁREA DE PENALIZACIÓN: un jugador debe tomar el alivio de área de penalización rojo o amarillo aplicable 57

SI LA BOLA ES PARCIALMENTE EN UNA LÍNEA DE ÁREA PENAL - Está en el área de penalización 57

LOS PELIGROS DE AGUA ESTÁN AHORA INCLUIDOS EN LAS "ÁREAS DE PENALIZACIÓN" 58

CONDICIÓN ANIMAL PELIGROSA EN UN ÁREA DE PENALIZACIÓN: alivio gratuito si el punto de alivio más cercano está en el área de penalización o incurre en una penalización de 1 golpe si el punto de alivio más cercano está fuera del área de penalización 59

NO HAY ALIVIO LATERAL OPUESTO PARA LAS ÁREAS DE PENA ROJA 60

BOLA PERDIDA EN LA ZONA PENAL - 2 escenarios . 60

ASESORAMIENTO (DAR O PEDIR) EN UN ÁREA DE PENALIZACIÓN: solo se permite información pública . 61

LA BOLA PERMANECE EN EL ÁREA DE PENALIZACIÓN DESPUÉS DE UN ACCIÓN – Procedimientos 61

BUNKERS 63

PRUEBA DE ARENA - Un jugador que prueba la arena deliberadamente incurre en una penalización general .. 63

TOCANDO ACCIDENTALMENTE LA ARENA - No hay penalización 63

LOS IMPEDIMENTOS SUELTOS PUEDEN SER REMOVIDOS EN BUNKERS 63

PENINSULAS O ISLAS DE HIERBA, ETC. EN UN BUNKER ESTÁN EN LA ZONA GENERAL 64

RETIRE LAS OBSTRUCCIONES MÓVILES EN UN BUNKER (por ejemplo, THE RAKE) SIN PENA 64

CONDICIONES ANORMALES DEL CURSO EN UN BUNKER - Alivio gratuito si usted toma una gota en el bunker 65

BOLA IMPLIBLE EN UN BUNKER - 4 opciones para alivio. 66

UN JUGADOR PUEDE COLOCAR A LOS CLUBES Y RACAR OTRAS PARTES DE UN BUNKER. 67

IDENTIFICACIÓN DE SU BOLA EN UN BUNKER: marque y levántela para identificarla, pero límpiela solo lo suficiente para identificarla y luego recrea la mentira original 67

BUNKER DESCARGADO - Debe jugarlo como miente. 68

OTRA BOLA INTERFIERE CON TU CARRERA EN EL BUNKER - Pregúntale al otro sesenta y Cinco Jugador para marcar su bola 68

BOLA EMBAJADA EN UN BUNKER - Debes jugarlo como miente 69

SI LA BOLA DEL JUGADOR RODA DE NUEVO EN EL MISMO BUNKER: el jugador no puede rastrillar el bunker para mejorar su siguiente balaker 69

EL JUGADOR SALE DE UN BUNKER Y SU PELOTA SE VA O SE PIERDE 70

PELOTA PERDIDA EN BUNKER: debe tomar un golpe y alivio de distancia.. 70

CONDICIÓN ANIMAL PELIGROSA EN UN BUNKER - Alivio gratuito si el punto de alivio más cercano está en el bunker; de lo contrario, el jugador incurre en un golpe de penalización si el punto de alivio más cercano está fuera del bunker. 70

GREEN 72

LA PELOTA LLEVA A DESCENSARSE EN VERDE INCORRECTO: deje caer el verde de manera gratuita para que su postura y el columpio previsto no se encuentren con el verde. 72

CABEZAS DE PRIMAVERAS, DRENAJES, ETC. - Alivio gratuito si su bola está sobre la cabeza del aspersor (u otra obstrucción inamovible) si la obstrucción interfiere con su postura o balanceo 72

UNA BOLA QUE ESTÁ PARCIALMENTE EN EL VERDE Y PARCIALMENTE EN LA FRUTA SE TRATA COMO ESTÁ EN EL VERDE (UN ÁREA ESPECÍFICA). 73

MARCA TU BOLA EN EL VERDE Y EVITA JUGARLO DESDE EL LUGAR INCORRECTO 73

JUGAR UNA BOLA INCORRECTA: si descubres en el green que jugaste la bola incorrecta, debes ubicar tu bola y regresar y jugarla. 74

PEDIDO DE PEDIDO: los cueros del orificio van primero 75

PONER CON EL FLAGSTICK EN - Permitido. 76

EL JUGADOR ACCIDENTALMENTE MUEVE EL MARCADOR DE BOLAS O BOLAS - No hay penalización. 76

USO DE UN CLUB PARA ALINEAR UN PUTT - No permitido 77

LA PELOTA DEL JUGADOR SE MUEVE POR OTRA BOLA: reemplácela sin penalización 77

CONDICIONES ANORMALES DEL CURSO EN VERDE - Alivio gratuito 77

ELIMINE LOS IMPEDIMENTOS SUELTOS, LAS OBSTRUCCIONES MÓVILES, LA ARENA, Y EL SUELO SUELTO EN EL VERDE: no hay penalización si la bola se mueve 78

REPARACIÓN DE MARCAS SPIKE Y OTROS DAÑOS EN EL VERDE - Permitido 78

OK TOCAR LA LINEA DE TUS PUTT EN EL VERDE .. 79

LA BOLA SE MUEVE CUANDO UN JUGADOR MARCA O CUANDO UN JUGADOR TOMA EL MARCADOR: no hay penalización y el jugador debe reemplazar su bola hasta donde estaba. 79

BOLA EMBEDDED - Relieve gratis 80

AGUA TEMPORAL EN EL VERDE - Alivio gratuito 80

CONSEJOS SOBRE LA LÍNEA DE JUEGO EN EL VERDE - No permitido 81

NO SE PUEDE PROBAR VERDE DURANTE EL JUEGO. 81

EL JUGADOR NO ESTÁ PERMITIDO ANCHOR
PUTTER CONTRA SU CUERPO 81

UN PUTT GOLSA A OTRA PELOTA EN EL VERDE:
JUGADOR QUE GOTA A OTRA PELOTA EN EL
RESTO EN EL VERDE MIENTRAS QUE PONE - Incurre
en una penalización de 2 tiros en el juego por golpes. . 82

EL JUGADOR LLEVA EN EL BOLSO O LA PERSONA
QUE LO ENCUENTRA: juegue como esté sin
penalización 82

UNA PELOTA QUE SE DESCONFERA CONTRA EL
PELÍCULA Y LA PARTE DE LA PELOTA ESTÁ A
CONTINUACIÓN, LA SUPERFICIE SE CONSIDERA
DESAPARECIDA 83

LA BOLA CAMBIA SOBRE EL AGUJERO: el tiempo
máximo de espera para que caiga la bola es un tiempo
de aproximación razonable más 10 segundos. 84

PUNTOS DE CONCEDIMIENTO: OK en el partido, pero
no en el juego por golpes. 84

PERDER UN CLUB: debes jugar sin él a menos que se
encuentre 85

¡Nos encantaría saber de ti! 86

Sobre los autores 87

xx

ANTES DE EMPEZAR A JUGAR

PRACTICAR EN EL CURSO ANTES DE LA RONDA: generalmente no se permite en el juego por golpes, pero generalmente se permite en el juego por partidos. En el partido de juego, un jugador puede practicar en el campo antes de una ronda o entre rondas de una competencia de juego de partidos sujeto a las regulaciones del Comité (Regla 5).

En el juego por golpes, un jugador generalmente no puede practicar en el campo antes de una ronda, pero puede practicar poniendo o saltando en el primer tee. El Comité puede adoptar una norma local que regule esto (Regla 5).

PRACTICANDO EN EL CURSO DURANTE UNA RONDA: no se permite cuando se juega un hoyo. Un jugador no puede practicar en el campo mientras juega un hoyo. Entre los hoyos, un jugador puede practicar poniendo o saltando el green que se acaba de jugar o el siguiente tee (pero no en bunkers) siempre que no demore el juego (Regla 5).

LOS JUGADORES ESTÁN SOMETIDOS A LLAMAR PENAS EN MISMO – DQ (Descalificado) si el jugador, a sabiendas, no se castiga con él. Se espera que los jugadores reconozcan cuando han infringido una regla y sean honestos y apliquen sus propias penalizaciones. Si un jugador sabe que infringió una regla y no la aplica, la penalización es DQ (Regla 1).

"PENALIDAD GENERAL": significa una penalización de 2 golpes en el juego por golpes y la pérdida de un hoyo en el juego. En el juego por golpes, una infracción de una regla puede resultar en estas penalizaciones: una penalización de 1 golpe, una "penalización general" que es una penalización de 2 golpes o descalificación (Regla 3).

En match play, una "penalización general" es la pérdida de hoyo (Definiciones). La mayoría de las reglas se aplican a ambas, pero ciertas reglas se aplican solo en una u otra como se describe en este documento (Regla 3).

COMPRUEBE LAS REGLAS LOCALES: verifique que no haya zonas de juego, limpie y coloque espacios, zonas de arrastre, etc. Revise el sitio web del campo de golf, el tablón de anuncios, la tarjeta de puntaje, etc. Por lo general, te ayudarán.

JUEGO DE TRAZO - Debe esconderse y gana el puntaje más bajo. El puntaje más bajo en 18 hoyos gana y debes perforar cada hoyo (Regla 3).

MATCH PLAY - Basado en hoyos ganados. En el match play, el jugador y su oponente compiten entre sí en cada hoyo. Cada hoyo individual es un concurso ganado por la persona que completa el hoyo con el menor número de golpes. Si cada jugador tiene la misma puntuación para un hoyo, el hoyo se "divide a la mitad", es decir, un empate (Regla 3). No se requieren tarjetas de puntuación en el partido.

Un jugador gana el partido cuando ha ganado más hoyos de lo que queda por jugar. Por ejemplo, si tienes tres hoyos arriba con solo dos hoyos por jugar, ganas "tres a dos". Si estás empatado al final (todo cuadrado), el partido se "divide a la mitad".

El juego por golpes requiere hacer un hueco en cada hoyo. En match play, puedes conceder un putt (o cualquier golpe) diciéndole a tu oponente que "levante". También puedes conceder un hoyo de golf y / o u todo el partido. Una vez que haga una concesión, no podrá retirarla (Regla 3).

FORMATO DE PUNTUACIÓN MÁXIMA: permite que el jugador recoja después de alcanzar la puntuación máxima para ese hoyo. A partir de 2019, existe una nueva forma oficial de juego por golpes llamada "Puntuación máxima" que permite a los jugadores abrir un hoyo una vez que el jugador alcanza la puntuación máxima para un hoyo (ayuda al ritmo de juego). Por ejemplo, el Comité del campo de golf puede establecer la puntuación máxima en doble bogey neto, o dos veces a la par, o lo que decidan para cada hoyo (Regla 21). Normalmente debes hacer un hoyo en cada hoyo en el juego por golpes, pero no cuando estás jugando la máxima puntuación (ver Regla 3).

LLEGUE A TIEMPO PARA SU CAMISETA TIEMPO PARA EVITAR LAS PENALIDADES: menos de 5 minutos de retraso es una multa general y más de 5 minutos de retraso pueden ser DQ (descalificado). Si llega menos de 5 minutos tarde a su hora de salida, incurrirá en una penalización general en el primer hoyo. Si llega más de 5 minutos tarde, puede ser descalificado. El comité puede. Disculpe en circunstancias excepcionales (Regla 5).

JUEGO LENTO: 1 golpe para el primer retraso, penalización general para el segundo retraso y DQ para el tercer retraso. A partir de 2019, se alienta a los jugadores a no quedarse y mantener un ritmo de juego constante. Se anima a los jugadores a jugar su tiro dentro de los 40 segundos una vez que puedan hacerlo y no haya otras distracciones. Un Comité de campo de golf puede adoptar una política de ritmo de juego con ciertos requisitos. La penalización por demorar injustificadamente el juego en un hoyo o entre hoyos se revisó en 2019 a una penalización de 1 golpe para la primera infracción, una penalización general para la segunda infracción y DQ para la tercera infracción. Si se produce un retraso irrazonable entre los hoyos, la penalización se aplica al siguiente hoyo (Regla 5.6).

DISPOSITIVOS DE MEDICIÓN A DISTANCIA - Permitidos. A partir de 2019, los dispositivos de medición de distancia (DMD) están permitidos a menos que el Comité de clubes de golf prohíba su uso (Regla 4).

CÓDIGO DE CONDUCTA - Posibles sanciones. Enojarse demasiado, o una conducta indignante puede violar el código de conducta del campo de golf establecido por el Comité del campo de golf. A partir de 2019, un Comité puede adoptar un código de conducta y penalizar a un jugador por violar el código de conducta del curso durante el juego (Regla 1).

14 CLUBES MÁX. - Si son más de 14, la penalización es de 2 golpes por agujero (4 agujeros máximo) o pérdida de agujero (2 agujeros máximo). En el juego por golpes, una vez que un jugador se da cuenta de que sus clubes superan los 14, se aplica una penalización de 2 golpes por cada hoyo jugado en violación de esta regla con una penalización máxima de 4 golpes en la ronda (Regla 4).

En match play, una vez que un jugador se da cuenta de ello, pierde 1 hoyo por cada hoyo jugado con más de 14 clubes con una deducción máxima de 2 hoyos en la ronda (Regla 4).

Si descubres que tienes más de 14 clubes antes de comenzar a jugar, anuncialo y vete el (los) palo (s) detrás (s) o que estén al revés en su bolsa sin penalización (Regla 4).

PERDER UN CLUB DURANTE EL JUEGO: el jugador debe jugar sin él. Si pierdes un palo durante el juego que se encuentra más tarde, puedes usarlo nuevamente. Pero si no se puede encontrar, debes jugar sin él y no puedes agregar un club (Regla 4).

CLUBES AJUSTABLES: un jugador no puede ajustar un palo ajustable durante el juego. Si tiene palos ajustables, verifique los ajustes que ha realizado ya que no puede ajustarlos durante la ronda (Regla 4).

APRIETE LA CLUB O EL EJE - Permitido.
Compruebe si hay flojedad antes de comenzar. Si la cabeza del palo o el eje se aflojan durante el juego, puedes apretarlos sin penalización (Regla 4).

PRESTAR O COMPARTIR CLUBES - No está permitido. Si un jugador daña un club al tirar o durante el juego, no puede pedir prestado un

Club o compartir un club con otro jugador (Regla 4). Pero los compañeros de juego pueden compartir clubes siempre que no tengan más de 14 clubes entre ellos (Reglas 22 y 23). Puedes pedir prestadas pelotas de golf (Regla 4).

CAMBIO DE PELOTAS DE GOLF: Se permite entre orificios, al tomar alivio o cuando la bola está dañada. Juegas la misma bola desde el tee hasta el hueco en un hoyo. Puede cambiar las bolas sin penalización entre los hoyos o al tomar alivio (Reglas 6 y 14).

Si su bola se corta o se agrieta, puede cambiar las bolas (Regla 4). Márquelo antes de levantarlo para inspeccionar si hay daños. No puedes limpiar tu bola cuando la inspeccionas por daños. Si lo limpia, incurre en un golpe de penalización de 1 (Regla 14).

MULLIGANS, ETC. - Los jugadores no pueden aceptar ignorar las reglas. Si dos o más jugadores acuerdan deliberadamente ignorar cualquier regla (por ejemplo, "Vamos a tener un mulligan por lado"

o "Vamos a lanzarlos en la calle") están sujetos a descalificación cuando comienzan la ronda, inclusosi aún no han actuado sobre el acuerdo (Regla 1).

"CLUB LENGTH" significa el club más largo de su bolsa, excepto su putter. El término "longitud del palo" significa el palo más largo en su bolsa, excepto su putter (Definiciones).

AREA DE CAMISETAS

ORDEN PARA APAGARSE LA PRIMERA TEE: comience a girar en el orden indicado en el calendario de tee; de lo contrario, por acuerdo o método aleatorio. Después del primer hoyo, juegue los honores, lo que significa que el jugador que anotó el puntaje más bajo en el juego por golpes o que ganó el hoyo en el match play tees primero en el segundo hoyo (Regla 6). En el juego de cuatro bolas, los compañeros pueden jugar en el orden que elijan (Regla 23).

ASESORAMIENTO SOBRE EL CURSO: solicitar o dar consejos está bien si se trata de información pública (por ejemplo, distancias). Puedes discutir distancias a bunkers, áreas de penalización, etc. o preguntar sobre la línea de juego, ya que es información pública (por ejemplo, "¿Esto es un dogleg hacia la derecha o hacia la izquierda?"). No hay penalización para un jugador que da consejos no solicitados (por ejemplo, "Debería haber usado un hierro 6, etc.").

De lo contrario, un jugador no puede preguntar sobre la selección del club o decirle a otro jugador qué club usar o cómo jugar un tiro, etc. Un jugador que da o pide tales consejos incurre en una penalización general (Regla 10).

Para una bola en el putting green, no se le permite pedir consejo sobre la línea de juego (Regla 10). Sin embargo, los compañeros que juegan en un lado pueden darse consejos entre sí sin penalizarse entre sí (Regla 24).

DIMENSIONES DEL ÁREA DEL TEE: un área rectangular que mide 2 palos hacia atrás desde el borde delantero de los marcadores en T. Ponga el balón en cualquier lugar dentro de un área rectangular dentro de 2 palos desde el borde frontal de los marcadores de tee (Definiciones). Si sale fuera de esta área o golpea desde los marcadores de tee incorrectos (asumiendo que esos marcadores están fuera del área de tee), incurre en una penalización de 2 golpes en el juego por golpes y debe repetir el tiro desde el área de tee correcta (Regla 6) . En el partido, tu oponente puede elegir cancelar tu golpe jugado fuera del área de salida y hacer que lo vuelvas a jugar sin penalización (Regla 6).

Se permite tomar su posición fuera del área de salida si su bola está dentro del área de salida (Regla 6).

CÓMO USAR UNA CAMISETA: no se requiere que un jugador use un tee cuando esté tirando. Puedes jugar tu bola desde el suelo en el área de salida. Puede mejorar ciertas condiciones en el área de tee alterando la superficie. Por ejemplo, puede hacer una muesca usando su palo, presionar el suelo, doblar o romper el césped, etc. (Regla 6 y 8.1b (8)).

USO DE TWIGS, ETC. PARA ALINEARSE UN TIRO - No permitido. No puede colocar una ramita, parte de una hoja, etc. para ayudarlo a alinear su golpe de salida o cualquier disparo, o si incurre en una penalización general (Regla 8).

WHIFFS - Cuentan como trazos. Si intencionalmente intentas golpear una pelota de golf y te la pierdes por completo, cuenta como un golpe y la pelota está en juego. Si su bola aún está en el área de salida, puede volver a lanzarla (Regla 6).

SI UN JUGADOR DA ACCIDENTE A LA BOLA O SI FALTA LA TEE POR SÍ MISMO: no hay penalidad y el jugador puede volver a lanzar la pelota. Si su bola cae desde el tee, puede reemplazarla sin penalización. Si lo golpeas accidentalmente desde el tee o lo haces accidentalmente en un swing de práctica, no es un golpe ya que la bola aún no está en juego. Puede volver a poner la bola en el área de salida (Regla 6).

Una vez que la bola está en juego y accidentalmente la mueves, debes aplicar una penalización de 1 golpe y reemplazar la bola a su posición original (Regla 9).

Por cierto, cuando estás en el green, si mueves accidentalmente tu bola (o marcador de bola) no hay penalización y debes reemplazarla donde estaba antes de que la movieras accidentalmente (Regla 13).

NO SE PERMITEN MARCAR A LOS MARCADORES DE TEE MIENTRAS QUE TEEING OFF - Pero está bien si el jugador no está en el área de salida del hoyo que se está jugando. Cuando está tirando, no puede mover o ajustar la arcadores de salida para el hoyo que estás jugando (Regla 6). Si golpeas un tiro errante que cae en otra área de tee, puedes mover el marcador de tee sin penalización si es una obstrucción movible. Si es inamovible, tome una caída de 1 palo en el punto de alivio más cercano, no cerca del agujero (Regla 16).

TEE SHOT SE OBTIENE O PIERDE: juegue una bola provisional o considere las opciones de reglas locales. Cuando un jugador golpea su bola fuera de límites o tiene una bola perdida, hay una penalización de 1 golpe y el jugador debe volver a jugar la bola desde donde se golpeó (es decir, tomar el golpe y el alivio de distancia). Una bola se considera perdida si no se encuentra en 3 minutos una vez que comienza a buscarla. Si crees que has golpeado el OB de tu bola, o se puede perder, normalmente juegas una bola provisional. Debe anunciar y decir que está jugando una bola "provisional", de lo contrario se convertirá en una nueva bola en juego bajo pena de golpe y distancia (Regla 18).

Si no puede encontrar su bola de golpe de salida original en 3 minutos o si es OB, cuenta el golpe

Realice con su golpe de salida y los golpes realizados con la bola provisional y agregue un golpe de penalización y juegue el hoyo con la bola provisional.

A partir de 2019, bajo una nueva Regla local, un Comité de campo de golf puede optar por darle a un jugador la opción de lanzar una pelota sin tener que volver al punto en el que golpeó la pelota que se perdió o fue OB y cuando no lo ha hecho. Jugó un balón provisional.

El Comité tiene la opción de adoptar una regla local que le permite soltar otra bola y aplicar una penalización de 2 golpes para acelerar el juego. Esta regla local ayuda a un jugador (y ritmo de juego) que no ha jugado una bola provisional desde que regresó a la ubicación del golpe anterior. Bajo esta opción, dejas caer tu bola en un área de alivio grande que está entre dos líneas.

La primera línea se establece utilizando el "punto de referencia de la bola", que es una línea dibujada desde el orificio hasta el punto de referencia de la bola que es el punto donde el balón se perdió o salió fuera de límites.

La segunda línea es una línea trazada desde el orificio hasta el "punto de referencia de la calle" y el punto de referencia de la calle es un punto que marca en el borde más cercano de la calle, no cerca del orificio.

El área de alivio está entre esas dos líneas. O, en otras palabras, en el área entre donde la pelota se perdió o salió de los límites y el borde más cercano de la calle (no más cerca del hoyo).

Además, esta área de alivio se extiende en dos longitudes de los extremos exteriores del "punto de referencia de la bola" y el "punto de referencia de la calle" (no más cerca del orificio).

Esta regla local no está pensada para juegos profesionales o competiciones de alto nivel amateur, sino para ayudar a acelerar el ritmo del juego.

Al jugador no se le permite usar esta opción cuando se sabe que su bola está en un área de penalización.

Si la bola del jugador está en un área de penalización, el jugador debe tomar alivio de área de penalización. Consulte la Sección de Área de Penalización de este libro si su bola entró en un área de penalización en la página 51.

El jugador tampoco tiene permitido usar esta opción cuando ha jugado una bola provisional.

Las nuevas reglas se refieren a una Regla local modelo para que la adopte el Comité de un campo de golf que se puede encontrar aquí> USGA, Borrador de Reglas Locales Modelo, vea este enlace, "Trazo y distancia: descargue el borrador del texto en PDF", y el enlace es> http://www.usga.org/content/usga/homepage/ruleshub/rulesmodernization/infographics/golf-s-new-rulesstroke-and-distance.html#expanded

¿ES UNA BOLA OB O NO OB? - La bola entera debe estar fuera de límites para que sea OB. Para que una bola esté fuera de límites, toda la bola debe estar en el área OB y más allá del borde frontal de los marcadores OB. Puede tomar su posición en el área de OB para jugar una pelota que no sea OB (Regla 18.2a (2)).

NO SE PERMITE UNA BOLA PROVISIONAL - Por una pelota golpeada en un Área de Penalización. No puedes jugar una bola provisional si estás seguro de que tu bola está en un área de penalización. Las áreas de penalización tienen sus propias reglas (consulte la p. 30 de este libro). Puedes golpear un provisional si no estás seguro. Por ejemplo, si ve claramente el chapoteo de su bola en un lago (los peligros del agua ahora están designados como áreas de penalización) no puede jugar una bola provisional y debe tomar alivio de área de penalización. Pero si no estás seguro (por ejemplo, crees que tu bola puede ser OB o perdida y no está en el área de penalización) puedes jugar una bola provisional (Regla 18).

LA BOLA ACCIDE ADECUADAMENTE AL JUGADOR O ALGO MÁS - No hay penalización y juegue como está. A partir de 2019, no hay penalización si te golpeas accidentalmente a ti mismo, a un oponente, a tu equipo, a otra persona, a un animal, a un objeto, etc. y juegas tu siguiente golpe como corresponde (Regla 11).

REEMPLAZO DE CLUBES DAÑADOS: puede reemplazar un palo dañado si no lo dañó. Si rompe su conductor u otro club, solo puede reemplazarlo si el daño ocurrió a partir de una "influencia externa" o "fuerzas naturales" (es decir, un jugador puede reemplazar un club si alguien que no sea el jugador o su caddie dañó el club). Por ejemplo, si otro carro de golf recorre su club, puede reemplazar un club dañado si no lo dañó (Regla 4). Puede que no sea práctico volver a correr a tiempo y obtener un préstamo de la tienda profesional, ya que no puede demorar injustificadamente el juego. La penalización por demorar injustificadamente el juego es un golpe para la primera infracción, una penalización general para la segunda infracción y DQ para la tercera infracción (Regla 5).

REPARACIÓN Y USO DE UN CLUB DAÑADO - Permitido. A partir de 2019, un jugador puede usar un palo dañado incluso si el jugador lo dañó enojado. A un jugador también se le permite reparar un palo dañado y continuar usándolo (Regla 4).

LA PELOTA SE ROMPERA EN PIEZAS DESPUÉS DE UN DISPARO: repite el disparo sin penalización. Si golpeas tu bola y se rompe en pedazos después de un tiro, el tiro no cuenta, y el jugador debe repetir el tiro (Definiciones).

EL ÁREA GENERAL - FAIRWAY, ROUGH, ETC.

"ÁREA GENERAL" significa Fairway, Rough, Fringe, etc. El "área general" de un campo de golf es todo en el campo de golf, excepto lo siguiente: 1) el área de toma de contacto al comenzar un hoyo, 2) áreas de penalización, 3) bunkers, y 4) el green para el hoyo que se está jugando (Regla 2 y Definiciones).

ÁREAS DE CURSO DE GOLF: una pelota siempre se trata como si estuviera en una sola área. Se aplican diferentes reglas dependiendo de en qué área del curso se encuentra su bola (Regla 2). Debe determinar si su bola está en el área general o en un área específica. Las áreas específicas son: 1) el área de salida para el hoyo que se está jugando, 2) áreas de penalización, 3) bunkers y 4) el putting green para el hoyo que se está jugando.

Si su bola está en el área general, pero también invade un área específica, se considera que está en el área específica y se aplican las reglas de área específicas. Por ejemplo, una bola que miente parte en una

el área de penalización y parte del área general se tratarán como si estuvieran dentro del área de penalización y se aplicarían las reglas del área de penalización (Regla 2).

Aunque es poco frecuente que ocurra, si una bola se posa en dos áreas específicas, se trata como si estuviera en el área específica que viene primero en este orden: 1. área de penalización, 2. bunker, 3. putting green. Por ejemplo, una bola que se encuentra en un área de penalización y otra en un bunker se trataría como si estuviera en el área de penalización y se aplican las reglas del área de penalización (Reglas 2 y 17).

MOVIMIENTO ACCIDENTALMENTE DE SU PELOTA EN EL ÁREA TEGENERAL: un jugador incurre en un golpe de penalización si el jugador hace que su bola se mueva. Si un jugador hace que su bola se mueva (por ejemplo, la golpea accidentalmente al realizar un swing de práctica), incurre en una penalización de 1 golpe y debe reemplazar la bola donde estaba antes de que se moviera (Regla 9).

OTRA BOLA INTERFIERE CON TU TIRO - Solicita al otro jugador que marque su bola. Si un jugador cree razonablemente que la bola de otro jugador puede interferir con el juego del jugador, el jugador puede requerir que el otro jugador marque el lugar y levante la bola. El otro jugador debe marcar su bola y levantarla (pero no puede limpiarla) y luego debe jugarse la otra bola. Después de jugar la pelota, el otro jugador reemplaza su pelota en la misma mentira (la recrea) lo mejor posible (Regla 15). En el juego por golpes, el otro jugador tiene la opción de jugar su bola primero en lugar de marcarla y levantarla (Regla 15.3b (2)).

LIMPIEZA DE SU BOLA: Generalmente se permite cuando lo levanta según las reglas, excepto, 1. Cuando lo levanta para identificarlo, 2. Cuando lo inspecciona para detectar daños, 3. Cuando lo levanta ya que interfiere con otra bola, o 4. Cuando lo levantas para ver si está en una condición de alivio. Cuando levantas tu bola bajo las reglas del área general (por ejemplo, te encuentras con agua temporal, etc.), puedes

limpiar tu bola. Pero no puedes limpiar tu bola cuando la levantas a: 1) para ver si la bola está cortada o agrietada, 2) para identificarla, 3) para eliminarla de la interferencia con el juego de otro jugador, o 4) para ver si se encuentra en una condición donde se permite el alivio.

Si está levantando la bola para identificarla, solo puede limpiarla en la medida necesaria para identificarla (Regla 14 y Regla 7).

No hay ningún requisito para anunciar que vas a levantar tu bola. Anteriormente, un jugador tenía que anunciar al otro jugador que iba a levantar su bola para identificarla. A partir de 2019, ya no es necesario. Esto ayuda al ritmo de juego, especialmente si el otro jugador está cruzando el fairway. Es posible que desee anunciarlo de todos modos para evitar confusiones.

LEVANTAR SU BOLA EN EL VERDE: puede levantar y limpiar su bola sin penalización. La Regla 14 te permite limpiar siempre tu bola cuando la levantes, si es desde el green.

MEJORA DE LAS CONDICIONES DE TU TIRO - No permitido. Juega el balón como miente. Usted incurre en una penalización general si corta ramas, corta pasto largo o maleza con práctica columpios, o hacer cualquier cosa que mejore las condiciones para su disparo (Regla 8). Si su bola es extremadamente difícil de jugar (por ejemplo, la bola está en lo más profundo de un arbusto pesado, etc.) y no hay alivio libre disponible bajo las reglas, considere la posibilidad de declarar que la bola no es jugable.

DECLARANDO UNA PELOTA IMPLÍCIBLE: le ofrece 3 opciones con 1 golpe de penalización: 1. Repita el disparo (es decir, el golpe y la distancia), 2. Relieve en la línea o 3. Realice una caída lateral de 2 palos. Si decides que tu bola no se puede jugar, tienes una penalización de 1 golpe y tienes 3 opciones: 1) Retrocede y vuelve a jugar el tiro, 2) Toma el relevo en la línea, i. e., vuelva a la línea a un lugar más favorable y suelte una longitud de palo a cada lado de la línea, no cerca del agujero, o 3) Quédese donde está y colóquese dentro de dos longitudes de palo no más cerca del agujero de su Ubicación actual del balón (Regla 19).

LA BOLA SE MUEVE POR OTRA - Reemplácela sin penalización. Si su bola descansa y es movida por otra persona, un animal, otra bola, etc., debe reemplazarla sin pena. En match play, si tu oponente accidentalmente mueve tu bola durante una búsqueda, no hay penalización. Si no fue accidental, tu oponente incurre en un golpe de penalización por mover tu bola deliberadamente y debes reemplazarla (Regla 9).

BOLA MOVIDA POR FUERZAS NATURALES - Juega como se encuentra. Si su bola descansa en el área general y es arrastrada por el viento o rueda una colina por sí misma, debe jugar la bola desde el lugar donde se detuvo. Por cierto, si marcó y levantó su bola en el green y después de cambiarla, debe reemplazarla hasta donde estaba sin penalización (Regla 9).

CLUBS DE COLOCACIÓN ETC. EN EL TERRENO PARA ALINEACIÓN - No permitido.
Anteriormente, un jugador podía colocar un palo en el suelo y usar el eje del palo para ayudar a alinear un tiro. A partir de 2019, eso ya no está permitido en ninguna parte del curso. Si coloca un palo o

algún objeto en el suelo para ayudar a su Alinearse y luego tomar su postura, incurra en una penalización general.

No puede evitar la penalización general al retroceder y retirar el palo u objeto después de tomar su postura (Regla 10).

NO ESTÁ SEGURO DE UNA REGLA - Juega 2 bolas. En el juego por golpes, si no está seguro si infringió una regla o no, puede anunciar que jugará dos balones y designará el balón que contará en caso de que no haya incumplimiento de las reglas. Lleve un registro de la puntuación con cada bola hasta que haya hecho un hueco en ese agujero. Luego obtenga una decisión del Comité y luego firme su tarjeta (Regla 20).

En match play, si cree que su oponente infringió una regla y no está de acuerdo, debe decirle a su oponente que va a solicitar una decisión y luego pedirle al árbitro una vez que encuentre un árbitro o el Comité (Regla 20).

ELIMINAR LOS IMPEDIMENTOS SUELTOS: el jugador incurre en un golpe de penalización si el jugador mueve su bola mientras lo hace. Usted es libre de eliminar impedimentos sueltos, pero si mueve su bola mientras lo hace, incurre en un golpe de penalización (Regla 15).

La arena y el suelo suelto no se consideran impedimentos sueltos en el área general, pero las telas de araña son impedimentos sueltos y pueden eliminarse (Definiciones).

ELIMINACIÓN DE OBSTRUCCIONES MÓVILES - OK sin penalización. Un jugador puede eliminar las obstrucciones móviles sin penalización. Si su bola se mueve mientras elimina una obstrucción móvil (por ejemplo, un rastrillo) no hay penalización. Debe reemplazar su bola en el lugar en el que se encontraba en su mejor estimación (Regla 15).

BOLA PERDIDA: límite de tiempo de búsqueda de 3 minutos y, si no se encuentra en 3 minutos, se considera una bola perdida. Anteriormente, tenías 5 minutos para buscar tu bola. A partir de 2019, el tiempo de búsqueda se reduce a 3 minutos. Comprueba el tiempo cuando comienzas a buscar. Una vez que han pasado 3 minutos es una bola perdida. e incluso si encuentra su bola justo después de 3 minutos de búsqueda, no puede jugarla ya que se aplican las reglas de la bola perdida (Regla 18).

BUSCANDO UNA BOLA Y LA BOLA SE MUEVE DURANTE LA BÚSQUEDA: reemplácela sin penalización. Anteriormente, te penalizaban si movías tu bola mientras la buscabas. A partir de 2019, no hay penalización si usted u otra persona lo movieron accidentalmente mientras buscaban su bola. Simplemente debes reemplazar la pelota sin penalización.

Si no sabes el lugar exacto donde estaba la bola antes de que se moviera, puedes estimar el lugar lo mejor que puedas y reemplazarlo. Esto incluye volver a crear la posición de su bola en, debajo o en contra de lo que estaba en y tan cerca del lugar como mejor pueda estimar (Regla 7).

BOLA DEFLECTADA ACCIDENTALMENTE: juegue como queda sin penalización. En general, si su bola es desviada accidentalmente por cualquier persona u objeto en el área general, no hay penalización.

Juegas tu siguiente golpe desde donde se encuentra la bola (Regla 11). Las bolas en los greens tienen diferentes reglas para las desviaciones accidentales. Vea la sección verde en la página 40.

JUGANDO LA BOLA INCORRECTA - Se incurre en una penalización general. En el juego por golpes, incurres en una penalización de 2 golpes si juegas la bola incorrecta. Después de tomar la penalización de 2 golpes, ubicas y juegas tu propia bola (Regla 6). Si pierdes tu propia bola, la tratas como una bola perdida, tomas el golpe y el alivio de la distancia y regresas a donde la golpeaste.

El golpe hecho con la bola incorrecta (y más golpes) no cuenta. Si no corrige el error antes de tirar en el siguiente hoyo, está DQd. Si golpeas una bola equivocada en el hoyo final, debes retroceder y corregirla antes de entregar tu tarjeta de puntuación o ser DQd (Regla 6).

En match play, la penalización por jugar la bola equivocada es una penalización general (pérdida de hoyo). Si los jugadores golpean la bola del otro, el primero en hacer un golpe en una bola incorrecta pierde el agujero. Si esto es

No se sabe qué bola incorrecta se jugó primero, no hay penalización y el hoyo debe jugarse con las bolas intercambiadas (Regla 6).

ALGUIEN JUEGA SU BOLA - Reemplace su bola u otra bola a donde estaba y continúe jugando. Reemplace su bola o sustitúyala por otra en el lugar donde otra bola la jugó por error. Si no se sabe el lugar exacto, estimas dónde estaba lo mejor posible (Regla 6 y 14).

BOLA DE GOLPE DOBLE O MÚLTIPLE: cuenta como 1 golpe. A partir de 2019, no hay penalización por un doble golpe accidental o golpes múltiples accidentales en un golpe y solo cuentan como un golpe. El jugador debe jugar la siguiente bola como miente (Regla 10).

LISTO GOLF - Permitido Normalmente, el jugador que está más alejado del hoyo juega primero. Si juegas fuera de turno, tu oponente en match play tiene la opción de cancelar tu tiro y repetirlo. No hay penalización en el juego por golpes a menos que dos o más jugadores acepten jugar fuera de Para dar a uno de ellos una ventaja y si lo hacen, entonces cada jugador incurre en una penalización general (Regla 6). A partir de 2019, los jugadores pueden ponerse de acuerdo para jugar "golf listo" y permitir que los jugadores de su grupo que estén listos para disparar lo hagan (Regla 6).

ASESORAMIENTO (SOLICITANDO O DANDO CONSEJOS): solo se permite si se trata de información pública. Puede hablar sobre distancias al green, bunkers, áreas de penalización, la línea de juego o cualquier asunto que sea información pública. De lo contrario, no puede dar o pedir consejo a otro jugador (por ejemplo, "¿Qué club usó?", Etc.) o incurrir en una penalización general (Regla 10).

Tampoco está permitido pedir consejos sobre la línea de juego en el green para el hoyo que se está jugando (Regla 10).

Los socios que juegan en un lado pueden dar consejos sin penalización entre ellos (Regla 24).

ILUMINACIÓN - Marcar y recoger. No es necesario que continúe jugando si razonablemente cree que existe un peligro de rayos. Marque su bola y reanude el juego cuando esté despejado de rayos (Regla 5).

RELIEVE EN LA ZONA GENERAL

MARCAR LA BOLA ANTES DE LEVANTAR: si no está marcado, el jugador incurre en un golpe de penalización. Coloque un marcador, una moneda, etc. justo detrás o justo al lado de la pelota o sostenga un palo en el suelo justo detrás o al lado de la pelota antes de levantarla o incurra en un golpe de penalización (Regla 14).

CAMBIO DE PELOTAS DE GOLF: está permitido cuando toma alivio, entre orificios o si su bola está dañada. A partir de 2019, puede sustituir otra bola entre los hoyos o cuando tome alivio (Reglas 6 y 14). Si su bola se corta o se agrieta, puede sustituirla por otra (Regla 4). Márquelo antes de levantarlo para inspeccionar si hay daños. No se le permite limpiar su bola cuando la inspecciona en busca de daños con una penalización de 1 golpe. Usted reemplaza su bola (u otra bola si su bola está cortada o rajada) en el lugar que marcó (Regla 14).

ENCONTRAR EL PUNTO DE RELIEVE MÁS CERCANO: no hay más cerca del orificio. Necesita ubicar el punto de alivio más cercano cuando obtenga alivio gratuito de una condición de curso anormal, una condición de animal peligroso, un verde equivocado o una zona de no juego. Por ejemplo, si su bola descansa sobre una obstrucción inamovible como una trayectoria de un carro de concreto, puede jugar la bola como reposa, o puede querer obtener un alivio gratuito y, de ser así, las reglas requieren que encuentre el punto más cercano. alivio.

Para encontrar el punto de alivio más cercano, mire a su alrededor (es decir, a la derecha, a la izquierda y detrás de usted) para encontrar un lugar fuera del recorrido del carro (no más cerca del orificio).

Tú decides qué palo habrías usado para disparar desde el punto en que tu bola se posó en la ruta del carrito. Digamos que usted decide que usaría un 8iron para su próxima toma. Con su hierro 8, tome su postura en el punto de alivio más cercano que puede estar a la derecha, a la izquierda o detrás de usted. Cuando tome su postura, primero determine si hay alivio completo (por ejemplo, digamos que cuando se desplaza a la derecha, hay una sección de la trayectoria del carrito que interfiere con su postura o giro). Así, verificas otros puntos a la izquierda. y detrás de usted y diga que encuentra un punto a la izquierda que está más cerca de la bola en la ruta del carrito y no hay interferencia alguna en la ruta del carrito o cualquier otra cosa. Este es el punto de alivio más cercano y lo marca con un tee u otro marcador.

Luego mide la longitud de un palo con el palo más largo en su bolsa (excepto su putter) hacia los lados y detrás de este punto, no más cerca del agujero, y esta es el área de alivio donde puede tomar una gota.

Nuevamente, tenga en cuenta que si no está contento con caer en el área de alivio, aún puede jugar su bola ya que se encuentra en la ruta del carrito. Pero, si está contento con eso, levante su bola del camino, suéltela en el área de alivio y juegue su siguiente golpe (Definiciones y Regla 16).

CONDICIONES ANORMALES DEL TERRENO - Obtiene alivio gratis para hoyos de animales, G.U.R., obstrucciones inamovibles o agua temporal. Las condiciones anormales del curso son 1) un agujero para animales, 2) G.U.R (terreno en reparación), 3) obstrucciones inamovibles (por ejemplo, una trayectoria de carro de concreto, un rociador, etc.) o 4) agua temporal (Regla 16).

Si su bola se detiene en o sobre una condición anormal del terreno en el área general, o si la condición interfiere con su postura o balanceo, puede jugar su bola como reposa o tomar alivio.

Si está seguro de que su bola entró en un área de curso anormal, pero no puede encontrarla dentro de los 3 minutos (por ejemplo, rodada en un área de G.U.R. demasiado grande), obtendrá alivio gratis. Para obtener alivio, encuentre el punto de alivio más cercano, no cerca del hoyo donde la condición no interfiere con su golpe, postura o balanceo y deje caer su bola u otra bola dentro de un palo (Regla 16).

AGUJEROS ANIMALES - Relieve libre.
Anteriormente, solo te daban alivio gratuito de los agujeros de "animales excavadores"**.** A partir de 2019, puede aliviarse de todos los hoyos excavados por los animales, independientemente de si fue un animal excavador o no. No hay

Sin embargo, se puede obtener alivio libre de los agujeros hechos por gusanos, insectos e invertebrados similares (Regla 16).

AGUA TEMPORAL - Alivio gratuito. Los charcos en el curso en el área general son de agua temporal. No es suficiente que el suelo esté simplemente mojado, fangoso o blando, o que el agua se vea momentáneamente cuando el jugador pise el área. Para que un charco sea agua temporal, la acumulación de agua debe permanecer presente antes o después de que tome su postura. El rocío y la escarcha no son aguas temporales. Si lo desea, puede jugar su bola tal como se encuentra, o puede llevar alivio gratis al punto de alivio más cercano y dejar caer su bola dentro de 1 palo, no cerca del hoyo (Regla 16).

CONDICIONES ANIMALES PELIGROSAS - Alivio gratuito. Puede obtener ayuda gratuita hasta el punto de alivio más cercano si se encuentra con una condición de animal peligroso (Regla 16). Si hay una condición animal peligrosa que interfiere con su ataque cerebral (por ejemplo, serpientes venenosas, nidos de avispas, caimanes, hormigas de fuego, etc.), puede tomar

Alivio gratuito encontrando el punto de alivio más cercano. El punto de alivio más cercano es donde la condición del animal peligroso ya no existe más cerca del hoyo y toma una caída de 1 palo desde ese punto (Regla 16).

OBSTRUCCIONES MÓVILES - Alivio gratuito. Puede eliminar las obstrucciones móviles sin penalización (por ejemplo, cuerdas, un marcador de tee en el área de tee para otro agujero, estacas, escombros grandes y pequeños, etc.). Si su bola se mueve, remplace su bola a donde estaba sin penalización (Regla 15).

LA PELOTA LLEVA A DESARROLLARSE POR UNA OBSTRUCCIÓN MÓVIL - Alivio gratuito. Si su bola descansa sobre una obstrucción móvil (por ejemplo, un paraguas colapsado, una toalla, una bolsa de papel, etc.), deje caer su bola dentro de 1 clublength en la misma área desde donde la bola no estaba más cerca del agujero (Regla 15).

BOLA EMBEDDED - Relieve gratis.

Anteriormente, solo se podía quitar una bola incrustada si estaba incrustada en la calle. A partir de 2019, puede jugar la bola como está o tomar una caída libre si la bola está incrustada en el área general, es decir, la rugosa, la rugosidad, la calle, etc. Marque el lugar detrás de la bola y levántelo, límpielo y tome una caída libre desde la altura de la rodilla a una distancia de un palo desde su marca, no más cerca del agujero (Regla 16).

INCORRECTO VERDE - Alivio gratuito.

Anteriormente, si su bola se detenía en el green equivocado, tenía que recogerla y jugar su bola en el punto de alivio más cercano del green, no cerca del hoyo. Podrías tomar tu postura en el green para jugar tu siguiente golpe.

A partir de 2019, ya no se le permite tomar su postura en el green o tomar una posición donde la trayectoria de su swing pueda encontrarse con la superficie del green. Debes dejar caer la bola para que no tomes una posición en el green y la trayectoria de tu swing no podrá entrar en contacto con la superficie del green (Regla 13).

SALTAR DESDE LA ALTURA DE LA RODILLA: procedimientos, etc. Antes de 2019, tenía que sostener la bola a la altura de los hombros y dejarla caer. Ahora debes dejar caer la bola desde la altura de la rodilla (Regla 14.3). Un jugador puede caer accidentalmente (o por costumbre) de la altura de los hombros. Si esto sucede, el jugador debe recoger su bola antes de jugarla y dejarla caer desde la altura de la rodilla sin penalización.

Si el jugador no lo deja caer desde la altura de la rodilla o no lo hace en el área de alivio, pero la bola descansa en el área de alivio adecuada, incurre en un golpe de penalización si ejecuta el golpe (Regla 14).

Si lo deja caer correctamente desde la altura de la rodilla y la bola sale del área de alivio, incurre en una penalización general si la juega.

Cuando el jugador deja caer la bola desde la altura de la rodilla, la bola no puede tocar ninguna parte del cuerpo o equipo del jugador en el camino hacia abajo antes de que toque el suelo. De lo contrario, el jugador debe dejarlo caer nuevamente sin penalización.

Se debe dejar caer una bola en un área de alivio y descansar en esa área de alivio. Si se despliega, suéltelo nuevamente y si lo hace por segunda vez, coloque la bola donde golpeó el suelo en el área de alivio en el lugar donde la bola golpeó el suelo en la segunda caída.

Si caes desde la altura de la rodilla y la pelota toca el suelo y accidentalmente golpea a una persona u objeto después de golpear el suelo y se detiene en el área de alivio, es una caída legal y no puedes elegir volver a tirarla y debes jugar. la pelota como se encuentra en el área de alivio (Regla 14).

ROLLOS DE BOLAS FUERA DEL ÁREA DE ALIVIO DESPUÉS DE LA GOTA -
Procedimientos. Como se señaló en la sección anterior, cuando sueltas una bola, la bola debe aterrizar, descansar y jugarse desde el área de alivio. Si no se detiene en el área de alivio, el jugador debe dejarla caer nuevamente por segunda vez, y si no vuelve a descansar en el área de alivio, el jugador debe colocar la bola en el lugar donde se encuentra. Lo dejó caer por segunda vez.

Digamos que el jugador coloca su bola en el lugar donde su segunda caída golpeó el suelo y todavía no se detiene, sino que rueda. En ese caso, si una bola dropeada no permanece en el área de alivio después de dos gotas, y luego no permanece en el lugar cuando se coloca, debe colocarse nuevamente en el mismo lugar y, si vuelve a rodar, el jugador debe colocar una bola en el lugar más cercano donde la bola permanecerá en reposo (Regla 14).

ELIMINAR CUANDO UN JUGADOR DEBE REEMPLAZARSE O VICE-VERSA: el jugador incurre en una penalización general. Si por error deja caer su bola en lugar de reemplazarla cuando las reglas lo requieren, o viceversa, incurre en una penalización general si juega el tiro. Si se da cuenta del error antes de jugar el tiro y sigue el procedimiento correcto (es decir, si deja caer la bola, entonces se da cuenta de que tuvo que reemplazarla y antes de jugar el tiro, la reemplaza correctamente) no hay penalización (Regla 14).

OTRA BOLA INTERFERA CON TU JUEGO: pide al otro jugador que la marque o el otro jugador puede jugar su bola primero Juego por golpes. Si otra bola está demasiado cerca de tu bola para que interfiera con tu tiro, hay 2 opciones. Primero, puedes pedirle al otro jugador que lo levante. El otro jugador marca y levanta su bola. Si el otro jugador no lo marca o limpia su bola, incurre en una penalización de 1 golpe. Segundo, en el juego por golpes, el otro jugador tiene la opción de jugar primero en lugar de marcar y levantar su bola (Regla 15).

BOLA EMBEDIDA EN ARENA LLENA DIVOTA O DRENAJE - Posible alivio libre en el área general si el césped se corta a la altura de la calle. **Esto puede ser un área gris, pero si una bola está realmente incrustada en la arena de la calle o en otra parte del área general, se puede argumentar que se permite el alivio libre si la arena en la que está incrustada la bola está en el campo general. Área que se corta a la altura de la calle o menos. Esto significaría que, en efecto, obtendrás alivio para una bola incrustada en su propia marca de lanzamiento en un divot lleno de arena o drenaje en la calle, siempre que la arena o el drenaje estén en un área cortada a la altura de la calle o menos (Regla 16.3a y excepciones bajo esa regla).**

PENALIZACIÓN POR OB O LA BOLA PERDIDA - Golpe y distancia o siga las reglas locales. Cuando un jugador golpea su bola desde el área general fuera de límites o pierde su bola, incurre en una penalización de 1 golpe y el jugador debe regresar y jugar la bola desde el lugar original donde estaba (es decir, dar un golpe y distancia). alivio). Una bola se considera perdida si no se encuentra en 3 minutos una vez que comienza a buscarla. Si crees que golpeaste tu OB de bola, o puede que se pierda, normalmente juegas una bola provisional desde donde golpeas tu bola original.

Usted juega su bola provisional hasta donde estima que fue su bola original. Si no puede encontrar su bola o si es OB, cuente el golpe de la primera bola y los movimientos de la bola provisional hasta el punto donde fue la bola original, agregue un golpe de penalización y juegue el hoyo con el bola provisional

Si su bola provisional pasó más allá del punto en que fue su bola original, no juegue su bola provisional hasta que localice o busque su bola original durante 3 minutos. Si

Usted encuentra su bola, debe jugarla y recoger su bola provisional.

A partir de 2019, bajo una nueva Regla local, un Comité de campo de golf puede optar por darle a un jugador la opción de lanzar una pelota sin tener que volver al punto en el que golpeó la pelota que se perdió o fue OB y cuando no lo ha hecho. Jugó un balón provisional.

El Comité tiene la opción de adoptar una regla local que le permite soltar otra bola y aplicar una penalización de dos golpes para acelerar el juego. Esta regla local ayuda a un jugador (y ritmo de juego) que no ha jugado una bola provisional desde que regresó a la ubicación del golpe anterior. Bajo esta opción, dejas caer tu bola en un área de alivio grande que está entre dos líneas.

La primera línea se establece utilizando el "punto de referencia de la bola", que es una línea dibujada desde el orificio hasta el punto de referencia de la bola, que es el punto donde la bola se perdió o se salió de los límites.

La segunda línea es una línea trazada desde el orificio hasta el "punto de referencia de la calle" y el punto de referencia de la calle es un punto que marca en el borde más cercano de la calle, no cerca del orificio.

El área de alivio está entre esas dos líneas. O, en otras palabras, en el área entre donde la pelota se perdió o salió de los límites y el borde más cercano de la calle (no más cerca del hoyo).

Además, esta área de alivio se extiende en dos longitudes de los extremos exteriores del "punto de referencia de la bola" y el "punto de referencia de la calle" (no más cerca del orificio).

Esta regla local no está pensada para juegos profesionales o competiciones de alto nivel amateur, sino para ayudar a acelerar el ritmo del juego.

El jugador tampoco tiene permitido usar esta opción cuando ha jugado una bola provisional.

A partir de 2019, existe una Regla Local Modelo para que la adopte el Comité de un campo de golf que puede ser

encontrado aquí> USGA, Borrador de Regla Local Modelo, vea este enlace, "Trazo y Distancia: descargue el borrador del texto en PDF", y el enlace es> http://www.usga.org/content/usga/homepage/ruleshub / rules-modernization / majorchanges / golfs-new-rulesstroke-anddistance.html

Al jugador no se le permite usar esta opción cuando se sabe que su bola está en un área de penalización. Si la bola del jugador está en un área de penalización, consulte la Sección de Área de Penalización de este libro en la página 51 si su bola entró en un área de penalización que tiene sus propias reglas.

LOS MARCADORES OB DEBEN OBSERVAR SU CARRERA, POSICIÓN O GIRO - No hay alivio. Si encuentra su bola y su golpe, postura o swing está obstruido por un marcador OB, no hay alivio libre. No puede mover el marcador OB y, si lo hace, incurrirá en una penalización general (Regla 8 y Definiciones).

Puede obtener alivio gratuito de los objetos artificiales, como el recorrido de un carro, un edificio o una estaca que marca un área de penalización, pero no los marcadores OB.

Sus opciones cuando se ve obstaculizado por un marcador OB son: 1) Juegue la bola como está, 2) Realice el golpe y el alivio de la distancia jugando nuevamente desde el punto de su último golpe, o 3) Declare que su bola no se puede jugar y use el botón Opciones no jugables en el siguiente párrafo (Regla 19).

DECLARANDO SU BOLA IMPRIMIBLE: le ofrece tres opciones, 1. Tome el alivio de carrera y

distancia, 2. Relieve en la línea o 3. Tome una caída lateral de 2 palos, no cerca del hoyo. Si decides que tu bola no se puede jugar, tienes una penalización de 1 golpe y tienes 3 opciones: 1) Retrocede y vuelve a jugar el tiro, 2) Toma el relevo en la línea, i. e., vuelva a la línea a un lugar más favorable y suelte una longitud de palo a cada lado de la línea, no cerca del agujero, o 3) Quédese donde está y colóquese dentro de dos longitudes de palo no más cerca del agujero de su Ubicación actual del balón (Regla 19).

Busque las zonas de caída designadas.
Recuerde buscar zonas de caída designadas para alivio.

ZONAS DE PENALIDAD

EL COMITÉ PUEDE DESIGNAR ÁREAS DE PENALIZACIÓN. Puede haber áreas en un campo de golf donde los jugadores con frecuencia pierden bolas y disminuyen el ritmo de juego en busca de una bola. A partir de 2019, un Comité puede designar cualquier área (s) como "área (s) de penalización".

Para mantener un buen ritmo de juego, es posible que un Comité desee designar áreas de césped alto, áreas de vegetación pesada y otras áreas además de lagos, estanques, ríos, barrancos, etc., donde generalmente es difícil encontrar su bola o jugar su balón desde como "áreas de penalización". Un jugador puede jugar su bola cuando se encuentra en un área de penalización o tomar el alivio del área de penalización donde puede jugar su bola fuera del área de penalización (Regla 17).

ÁREAS DE PENALIZACIÓN AMARILLAS Y ROJAS: el jugador puede jugar la pelota como se encuentra sin penalización. Hay dos tipos de áreas de penalización: rojo replanteado o alineado y amarillo apilado o alineado. Puedes jugar tu bola como reposa (y eliminar los impedimentos sueltos, practicar columpios, ponga a tierra su club) en cualquier área de penalización, pero si decide lo contrario, debe tomar el alivio de área de penalización apropiado para esa área (Regla 17)

ALIVIO DEL ÁREA DE PENALIZACIÓN AMARILLA ESTABLECIDA - Tome el alivio de carrera y distancia o el alivio de línea atrás. Si su bola descansa en un área de penalización con estacas amarillas o alineadas, o si está virtualmente seguro de que se encuentra en un área de estacas con estacas amarillas, puede jugar la bola como está, afilar su palo, eliminar impedimentos sueltos y practicar swings de práctica. Golpear el suelo (Regla 17).

O bien, puede realizar 1 golpe de penalización y 1) Regrese al lugar donde golpeó su tiro anterior fuera del área de penalización y tome una caída de 1 longitud del clublight (es decir, tome el golpe y el alivio de distancia), o 2) Regrese a la pista Relieve en la línea (es decir, retroceda todo lo que quiera en una extensión de una línea desde el hoyo hasta donde la pelota entró en el área de penalización) con una caída de 1 palo desde la línea que no se encuentra más cerca del hoyo (Regla 17).

ALIVIO DEL ÁREA DE PENALIZACIÓN ROJA - Ejecute el golpe y la distancia, el alivio en la línea (igual que el área de penalización amarilla) o (además) tome una caída lateral de 2 palos. Si tu bola está dentro o estás virtualmente seguro de que está en un área de penalización con estacas rojas o con líneas rojas, puedes jugar la bola como está, hacer tierra en tu palo, eliminar los impedimentos sueltos y practicar los columpios golpeando el suelo (Regla 17).

O bien, puede tomar las mismas dos opciones de alivio que un área de penalización apilada amarilla y, además, realizar una caída lateral de 2 palos desde el punto donde la pelota cruzó por última vez el borde del área de penalización roja no más cerca del hoyo (Regla 17).

OK PARA CLUB DE TIERRA, TOMAR PRÁCTICA DE SWINGS, ETC. EN UNA ZONA PENAL - Ahora permitido. Antes de 2019, si estaba en un área de peligro, incurría en una penalización general si tocaba el suelo, conectaba a tierra su palo o eliminaba impedimentos sueltos. A partir de 2019, puede poner a tierra su palo detrás de la pelota, realizar columpios de práctica, etc. incluso cuando su bola está en el agua (Regla 17).

ELIMINACIÓN DE IMPEDIMENTOS SUELTOS EN ÁREAS DE PENA - Permitido. Tenga en cuenta que si mueve su bola mientras elimina un impedimento suelto, incurrirá en una penalización de 1 golpe y deberá reemplazar la bola a su posición original antes de moverla. Si decides jugar el balón como está, no podrás mejorar las condiciones de tu tiro (por ejemplo, romper ramas, etc.) o incurrirás en una penalización general (Regla 17).

NO HAY ALIVIO LIBRE EN UN ÁREA DE PENALIZACIÓN POR CONDICIONES ANORMALES DEL CURSO O EN LA BASURA: el jugador debe tomar el alivio del área de penalización. Cuando su bola está en un área de penalización, no hay alivio libre basado en condiciones de curso anormales (por ejemplo, agujero de animal, terreno en reparación, obstrucción inamovible o agua temporal). Tampoco hay un alivio de bola incrustado (Regla 17).

NINGUNA BOLA DE DECLARACIÓN IMPRIMIBLE EN UN ÁREA DE PENALIZACIÓN: un jugador debe tomar el alivio de área de penalización correspondiente. Las áreas de penalización no te permiten declarar tu bola.

no jugable y utiliza las opciones no jugables para alivio. Usted, por supuesto, puede decidir jugar la pelota como se encuentra sin penalización.

BOLA PERDIDA EN EL ÁREA DE PENALIZACIÓN: si un jugador está seguro de que su bola entró en un área de penalización y no puede encontrarla, debe tomar el alivio de área de penalización correspondiente. Una pelota se considera perdida si no se encuentra en 3 minutos y el jugador debe tomar el alivio de área de penalización correspondiente (Regla 17.1c). Si el jugador no está seguro de que su bola haya entrado en el área de penalización y no puede encontrarla, debe ejecutar el golpe y el alivio de distancia para una bola perdida (Regla 18.2).

NINGUNA ZONA DE JUEGO EN UN ÁREA DE PENALIZACIÓN: un jugador debe tomar el alivio de área de penalización rojo o amarillo aplicable. Un jugador no puede jugar una pelota, ya que se encuentra en una zona de no jugar y debe recibir un alivio de penalización para un área roja o un área amarilla, según sea el caso (Regla 17).

SI LA BOLA ES PARCIALMENTE EN UNA LÍNEA DE ÁREA PENAL - Está en el área de penalización. Una pelota siempre se trata como si estuviera en una sola área de la

curso. Si parte de la pelota toca el borde de un área de penalización para que se diga parcialmente en el "área general" y parcialmente en el "área de penalización", se considera que está en el área más específica que sería el área de penalización. Si una bola queda en reposo al estar parcialmente en dos "áreas específicas", se considera que está situada en el área específica que aparece primero en este orden: 1) área de penalización, 2) bunker, 3) putting green (Reglas 2 y 17) . Como el área de penalización es la primera en este orden, se considera que el balón está en el área de penalización.

LOS PELIGROS DE AGUA ESTÁN AHORA INCLUIDOS EN LAS "ÁREAS DE PENALIZACIÓN". Antes de 2019, las reglas anteriores se referían a los "peligros del agua" que podrían no haber permitido que se cayera de forma lateral. Los cuerpos de agua ahora se conocen como áreas de penalización. Si el agua está marcada como un área de penalización roja, se toma un relieve de área de penalización roja y las áreas marcadas en rojo permiten un alivio lateral de 2 palos. Si el agua está marcada como área de penalización amarilla, se toma el relieve del área de penalización amarilla (relieve de distancia y de carrera o alivio de back-on-line).

Si el agua no está marcada en rojo o amarillo, se asume que es roja (definición del área de penalización).

CONDICIÓN ANIMAL PELIGROSA EN UN ÁREA DE PENALIZACIÓN: alivio gratuito si el punto de alivio más cercano está en el área de penalización o incurre en una penalización de 1 golpe si el punto de alivio más cercano está fuera del área de penalización. Si su bola está dentro del área de penalización y hay una condición peligrosa de animal que interfiere con su golpe (por ejemplo, serpientes venenosas, caimanes, nidos de avispas, etc.), puede obtener alivio de forma gratuita encontrando el punto de alivio más cercano (no más cerca del agujero) dentro del área de penalización. El punto de alivio más cercano debe estar dentro del área de penalización donde ya no exista la condición de animal peligroso y realizar una caída de 1 palo (Regla 16).

Si no hay un punto de alivio más cercano a la condición del animal peligroso dentro del área de penalización, está limitado a aplicar una penalización de 1 golpe y el alivio de área rojo o amarillo adecuado fuera del área de penalización (Regla 16).

Si su bola no está en un área de penalización, puede llevar alivio gratis al punto de alivio más cercano si tiene una condición de animal peligroso (Regla 16).

NO HAY ALIVIO LATERAL OPUESTO PARA LAS ÁREAS DE PENA ROJA. La opción de tomar alivio en el margen opuesto de un área de penalización roja todavía está disponible por la Regla local. Sin embargo, bajo la nueva regla, ya no hay una opción para que un jugador tome alivio en el lado opuesto del área de penalización (Regla 17.1d).

BOLA PERDIDA EN LA ZONA PENAL - 2 escenarios. Si buscó su bola durante 3 minutos y no puede encontrarla en un área de penalización, pero honestamente no está seguro de si su bola se encuentra en el área de penalización, puede declararla como una bola perdida y tomar golpe y alivio de distancia (Regla 17)

El segundo escenario es si usted sabe (o está virtualmente seguro) que su bola está en un área de penalización pero no puede encontrarla, toma el alivio de área de penalización de acuerdo con las opciones apropiadas de alivio de penalización de estaca roja o amarilla (Regla 17).

ASESORAMIENTO (DAR O PEDIR) EN UN ÁREA DE PENALIZACIÓN: solo se permite información pública. Puedes pedir distancias al green, bunkers, etc., así como la línea de juego cuando juegas desde un área de penalización. No puedes pedir o dar consejos sobre qué club jugar, qué swing hacer, o preguntar qué está mal con tu swing, etc. (Regla 10).

LA BOLA PERMANECE EN EL ÁREA DE PENALIZACIÓN DESPUÉS DE UN ACCIÓN – Procedimientos. Si su bola está en el área de penalización después de tratar de golpear, toma nuevamente el alivio de área de penalización adecuado más, además puede realizar un golpe de penalización adicional y volver al lugar donde realizó el último golpe desde fuera del área de penalización (Regla 17.2a (2)).

BUNKERS

PRUEBA DE ARENA - Un jugador que prueba la arena deliberadamente incurre en una penalización general. Si un jugador toca la arena deliberadamente para probarla, o empata el palo por delante o por detrás de la pelota o cepilla la arena durante un swing de práctica o un backswing, o toca la arena con un objeto deliberadamente, el jugador incurre en una penalización general (Regla 12).

TOCANDO ACCIDENTALMENTE LA ARENA - No hay penalización. A partir de 2019, no hay penalización si toca la arena accidentalmente con la mano o con un objeto en áreas distintas a la del área de tierra de su palo en frente o detrás de la bola o cepilla la arena durante un swing de práctica o su backswing. Si no se encuentra en estas áreas, no hay penalización si no obtiene ninguna ventaja de ello (Regla 12).

LOS IMPEDIMENTOS SUELTOS PUEDEN SER REMOVIDOS EN BUNKERS. Puede eliminar impedimentos sueltos (por ejemplo, piedras, ramitas, etc.) sin penaliza y puedes tocar la arena razonablemente mientras lo haces. Si mueve la bola mientras elimina un impedimento suelto, hay una penalización de 1 golpe y debe reemplazar su bola (Regla 15).

PENINSULAS O ISLAS DE HIERBA, ETC. EN UN BUNKER ESTÁN EN LA ZONA GENERAL. Si su bola descansa en una isla de hierba, maleza, roca, pizarra, etc. y las que están dentro del perímetro del bunker, estas islas, etc., forman parte del área general y las reglas generales de área se aplican a estas áreas que le permiten aterrizar su club, tomar alivio para una bola incrustada, etc. (Definiciones).

RETIRE LAS OBSTRUCCIONES MÓVILES EN UN BUNKER (por ejemplo, THE RAKE) SIN PENA. Puede eliminar las obstrucciones móviles sin penalización (por ejemplo, rastrillo, escombros pequeños y grandes, etc.). Si su bola se mueve, remplace su bola a donde estaba sin penalización (Regla 15). Si su bola descansa sobre una obstrucción móvil (por ejemplo, una toalla, bolsa de papel, etc.), deje caer su bola dentro de 1 palo.

Longitud en el bunker no más cerca del agujero (Regla 15).

CONDICIONES ANORMALES DEL CURSO EN UN BUNKER - Alivio gratuito si usted toma una gota en el bunker. Hay un alivio libre en un bunker para la interferencia de 1) un hoyo de animales, 2) terreno en reparación (GUR), 3) obstrucciones inamovibles, o 4) agua temporal en un bunker y el alivio libre está disponible en el bunker si estos cursos anormales Las condiciones interfieren con tu postura o swing. Encuentre el punto de alivio más cercano en el búnker y colóquelo dentro de un palo. Si tiene condiciones de curso anormales en un búnker, también tiene la opción de aplicar 1 golpe de penalización y soltar una bola fuera del búnker si va atrás en la línea tan lejos como quiera y tome una caída de un palo.

Si el búnker está lleno de agua y encuentra su bola, debe aplicar un golpe de penalización y un relevo en la línea externa fuera del búnker (Regla 16).

Si el bunker está lleno de agua y no encuentra su bola en 3 minutos, es una bola perdida y

debes volver al lugar donde lo golpeaste por última vez y repetir el tiro con 1 golpe de penalización. Puede buscar razonablemente su bola en el bunker, como rastrillar el agua buscándola sin penalización (Regla 7).

BOLA IMPLIBLE EN UN BUNKER - 4 opciones para alivio. Si decide declarar que su bola no se puede jugar en un búnker, hay cuatro opciones: 1) Tomar el alivio de distancia y golpe con 1 golpe de penalización (es decir, volver al lugar donde jugó su último golpe), 2) Regresar a la -Línea de alivio y caída en el bunker con 1 golpe de penalización, 3) Tome una caída lateral de 2 palos en el bunker con 1 golpe de penalización, o 4) retire la línea de alivio fuera del bunker y deje caer dentro de 1 Longitud del palo y tomar 2 golpes de penalización (Regla 19).

UN JUGADOR PUEDE COLOCAR A LOS CLUBES Y RACAR OTRAS PARTES DE UN BUNKER. Puede colocar un club o equipo en el búnker o rastrillar el búnker cuidando el curso sin penalización. Pero no puedes usarlos para mejorar cualquier condición que mejoraría tu bunker.

Golpe, su mentira, el área de su swing previsto o la línea de juego cuando coloca su equipo en el bunker (por ejemplo, usando un palo para ayudarlo a alinear su disparo, etc.). Puedes rastrillar el bunker después de golpear la bola fuera del bunker (Regla 12).

IDENTIFICACIÓN DE SU BOLA EN UN BUNKER: marque y levántela para identificarla, pero límpiela solo lo suficiente para Identificarla y luego recrea la mentira original. Solo puedes limpiar tu bola lo suficiente como para identificarla. Después de identificarlo, vuelva a colocarlo en la misma mentira, lo que significa que recreará la mentira original, pero puede dejar una parte de la bola visible si se hubiera cubierto con arena (Reglas 7.1b y 14).

BUNKER DESCARGADO - Debe jugarlo como miente. Si un bunker no está frenado, está lleno de huellas, etc. que afectan su golpe, debe jugar su bola tal como está y no puede mejorar su tiro o incurrir en una penalización general (Reglas 8 y 12).

OTRA BOLA INTERFIERE CON TU CARRERA EN EL BUNKER - Pregúntale al otro sesenta y Cinco Jugador para marcar su bola. Si un jugador cree razonablemente que la bola de otro jugador en el bunker podría interferir con la propia jugada del jugador, el jugador puede requerir que el otro jugador marque el lugar y levante la bola. El otro jugador debe marcar su bola y levantarla (pero no se puede limpiar). Después de que el primer jugador sale completamente del bunker, el otro jugador puede rastrillar el bunker. El otro jugador luego reemplaza su bola en la misma mentira (la recrea) lo mejor que pueda (Reglas 12, 14 y 15).

BOLA EMBAJADA EN UN BUNKER - Debes jugarlo como miente. Si su bola está incrustada en un bunker, la bola debe jugarse tal como está. Asegúrate de identificarlo, ya que, si juegas la bola incorrecta, incurrirás en 2 golpes de penalización y luego deberás jugar tu propia bola (Regla 12).

SI LA BOLA DEL JUGADOR RODA DE NUEVO EN EL MISMO BUNKER: el jugador no puede rastrillar el bunker para mejorar su siguiente balaker. Si su bola permanece en el búnker o se rueda hacia el búnker después de haber intentado golpearla, no puede rastrillar el búnker para mejorar cualquier

Condición que mejoraría su próximo golpe de bunker, su mentira, el área de su swing previsto o la línea de juego (Regla 12).

EL JUGADOR SALE DE UN BUNKER Y SU PELOTA SE VA O SE PIERDE. El jugador puede rastrillar el bunker antes de jugar su siguiente golpe. Una vez que salgas de un bunker, puedes rastrillarlo. Si su bola fue OB o está perdida y está tomando alivio de distancia y golpe, rastrille el bunker antes de volver a jugar el tiro. Tome una gota en el bunker dentro de un palo de distancia desde donde golpeó el OB de la bola o se perdió (Reglas 12, 14 y 18).

PELOTA PERDIDA EN BUNKER: debe tomar un golpe y alivio de distancia. Si busca su bola en un búnker y no puede encontrarla en 3 minutos, es una bola perdida y debe tomar el alivio de la carrera y la distancia y volver al punto donde jugó su último golpe. Se le permite rastrillar el bunker para buscar su bola y reemplazarla si la mueve mientras la busca en el bunker (Regla 7).

CONDICIÓN ANIMAL PELIGROSA EN UN BUNKER - Alivio gratuito si el punto de alivio más cercano está en el bunker; de lo contrario,

el jugador incurre en un golpe de penalización si el punto de alivio más cercano está fuera del bunker. Puede obtener ayuda gratuita hasta el punto de alivio más cercano si se encuentra con una condición de animal peligroso en un bunker (Regla 12). Si una condición peligrosa de un animal interfiere con su movimiento o postura (por ejemplo, serpientes venenosas, nidos de avispas, caimanes, hormigas de fuego, etc.), puede obtener alivio al encontrar el punto de alivio más cercano (no más cerca del agujero) dentro del bunker. El punto de alivio más cercano debe estar dentro del área del búnker, donde ya no existe la condición de animal peligroso y tomar una caída de 1 palo (Regla 16).

Si no hay un punto de alivio más cercano a la peligrosa condición del animal dentro del bunker, debe aplicar una penalización de 1 golpe y un alivio en línea fuera del bunker (Reglas 12 y 16).

GREEN

LA PELOTA LLEVA A DESCENSARSE EN VERDE INCORRECTO: deje caer el verde de manera gratuita para que su postura y el columpio previsto no se encuentren con el verde. Anteriormente, si su bola descansaba en el green equivocado, tenía que jugar su bola desde el punto de alivio más cercano desde el green, no más cerca del hoyo, y podría tomar su posición en el green para jugar su próximo golpe. A partir de 2019, no se le permite tomar su posición en el green o tomar una posición donde la trayectoria de su swing pueda encontrarse con la superficie del green, de modo que deje caer su bola en consecuencia, no más cerca del hoyo (Regla 13).

CABEZAS DE PRIMAVERAS, DRENAJES, ETC. - Alivio gratuito si su bola está sobre la cabeza del aspersor (u otra obstrucción inamovible) si la obstrucción interfiere con su postura o balanceo. Puede obtener alivio gratuito si su bola está en el área general y se detiene en una regadera o drenaje o si interfiere con su postura o balanceo. Si es así, tome una gota dentro de 1

Club de longitud no más cerca del agujero. Si está saltando o colocando para poner su bola en el green y una cabeza de rociador, drenaje, etc. (una obstrucción inamovible) está en su línea de juego pero no obstruye su postura o balanceo, debe jugar su bola como reposa (Regla 16).

UNA BOLA QUE ESTÁ PARCIALMENTE EN EL VERDE Y PARCIALMENTE EN LA FRUTA SE TRATA COMO ESTÁ EN EL VERDE (UN ÁREA ESPECÍFICA). Si su bola está en el área verde y en la general (por ejemplo, está en la franja, que es el área general, y en el verde), entonces su bola está en el área específica que es el verde (Regla 2).

MARCA TU BOLA EN EL VERDE Y EVITA JUGARLO DESDE EL LUGAR INCORRECTO. Mientras caminas por el verde, busca la marca de tu bola y repárala. Marque su bola con un marcador de bola y si su bola podría estar en la línea de otro jugador, mueva el marcador a la cabeza del putter y recuerde moverla hacia atrás antes de golpear su putt. Si no lo mueves

atrás, jugará el balón desde el punto equivocado e incurrirá en una penalización general (Regla 14).

JUGAR UNA BOLA INCORRECTA: si descubres en el green que jugaste la bola incorrecta, debes ubicar tu bola y regresar y jugarla. En el juego por golpes, hay una penalización de 2 golpes si jugaste la bola incorrecta. Después de tomar la penalización de 2 golpes, evalúa la situación y vuelve, localiza y juega tu propia bola. Si pierdes tu propia bola, la tratas como una bola perdida y regresas a donde la golpeaste antes de que se pierda.

Si resulta que otro jugador está jugando su bola, el otro jugador también debe retroceder y corregir el error y aplicar una penalización de 2 golpes por golpear la bola incorrecta.

El golpe hecho con la bola incorrecta (y más golpes) no cuenta. Si no corrige el error antes de ejecutar un golpe para comenzar el siguiente hoyo, se le descalificará.

Si está en el último green, debe regresar y corregirlo antes de entregar su cuadro de mandos o ser descalificado (Regla 6).

En match play, la penalización por jugar la bola equivocada es la pérdida de hoyo. Si los jugadores golpean la bola del otro, el primero en hacer un golpe en una bola incorrecta pierde el agujero. Si no se sabe qué bola equivocada se jugó primero, no hay penalización y el hoyo debe jugarse con las bolas intercambiadas (Regla 6).

PEDIDO DE PEDIDO: los cueros del orificio van primero. En el juego por golpes, no hay penalización por estar fuera de orden a menos que le dé una ventaja a otro jugador (por ejemplo, si un jugador juega intencionalmente fuera de turno para darle a otro jugador la línea de un putt). Si esto ocurre, los dos jugadores incurren en una penalización general (Regla 6).

En match play, si tu oponente te pone fuera de orden, puedes cancelar el golpe y pedirle que vuelva a jugar el putt (Regla 16).

Los jugadores también pueden acordar jugar fuera de turno para ahorrar tiempo en el partido o jugar al golf listo en juego por golpes (Regla 5).

PONER CON EL FLAGSTICK EN - Permitido. A partir de 2019, ya no habrá ninguna penalización si golpeas el flagstick con tu putt. Tiene la opción de dejar el flagstick para un putt sin incurrir en una penalización (Regla 13).

EL JUGADOR ACCIDENTAMENTE MUEVE EL MARCADOR DE BOLAS O BOLAS - No hay penalización. No hay penalización si usted, un oponente u otro jugador mueven accidentalmente su bola o marcador de bola en el green (Regla 13). Debes reemplazar tu bola hasta donde estaba. En el partido, si tu oponente toca o hace que tu bola se mueva deliberadamente, incurre en una penalización de 1 golpe (Regla 9).

USO DE UN CLUB PARA ALINEAR UN PUTT - No permitido. Anteriormente, un jugador podía poner un palo en el green y usar el eje del palo para ayudar a alinear el putt. Efectivo 2019, eso no es

ya está permitido en el green o de lo contrario incurre en una penalización general (Regla 10).

LA PELOTA DEL JUGADOR SE MUEVE POR OTRA BOLA: reemplácela sin penalización. Si su bola está en el green y es movida por otra bola, debe reemplazarla sin penalización. Si se desconoce el lugar exacto, es mejor estimar el lugar y reemplazar su bola en ese lugar (Regla 9). En el juego por golpes, si tu oponente mueve tu bola intencionalmente, incurre en una penalización de 1 golpe y debes reemplazar tu bola. Si fue accidental, no hay penalización (Regla 9).

CONDICIONES ANORMALES DEL CURSO EN VERDE - Alivio gratuito. Si está en el green y una condición de curso anormal interfiere con su línea de juego (p. Ej., GUR, agua temporal, etc.), puede obtener alivio de forma gratuita colocando la bola en el punto de alivio más cercano, que puede estar en el green o área general (por ejemplo, la franja) no más cerca del agujero. Usted coloca la bola (no la deje caer) en el punto de alivio más cercano (Regla 16).

ELIMINE LOS IMPEDIMENTOS SUELTOS, LAS OBSTRUCCIONES MÓVILES, LA ARENA, Y EL SUELO SUELTO EN EL VERDE: no hay penalización si la bola se mueve. Los impedimentos sueltos, como las hojas, etc., así como la arena y la tierra suelta, pueden eliminarse en el green. Si accidentalmente mueves tu marcador de bola o bola cuando haces esto, reemplazas tu bola a donde estaba sin penalización (Regla 13).

REPARACIÓN DE MARCAS SPIKE Y OTROS DAÑOS EN EL VERDE - Permitido. A partir de 2019, ahora puede reparar razonablemente casi cualquier daño, es decir, marcas de púas, marcas de inclinación, etc. en cualquier lugar del green, incluido el orificio si está dañado, pero no el desgaste natural.

Tenga en cuenta que puede reparar razonablemente el "daño" y no puede mejorar la línea de su putt hasta el agujero más allá de reparar el daño. Eso significa que no puedes ir por la borda mejorando la línea de juego de tu putt o incurrir en una penalización general.

Tampoco se puede mejorar ninguna imperfección natural. Por ejemplo, los orificios de aireación, las imperfecciones de la superficie natural o el desgaste natural no se consideran daños sino las imperfecciones de la superficie natural (Regla 13).

OK TOCAR LA LINEA DE TUS PUTT EN EL VERDE. Anteriormente, a usted o su caddie no se les permitía tocar su línea de juego en el green o incurrir en una penalización de 1 golpe. A partir de 2019, usted o su caddie pueden tocar la línea (Reglas 10 y 13).

LA BOLA SE MUEVE CUANDO UN JUGADOR MARCA O CUANDO UN JUGADOR TOMA EL MARCADOR: no hay penalización y el jugador debe reemplazar su bola hasta donde estaba. Si su bola se mueve accidentalmente cuando coloca o retira su marcador de bola o cuando se cepilla accidentalmente con su pie o garrote, no hay penalización, pero debe reemplazarla donde estaba (si no la reemplaza, incurrirá en una sanción general).

Si tu bola simplemente se mueve antes de marcarla, debes jugar tu bola tal como está desde el lugar al que se movió.

A partir de 2019, si marcó su bola y luego la reemplaza en el green y se mueve sola, debe reemplazarla a su posición original sin penalización (Reglas 9 y 13).

BOLA EMBEDDED - Relieve gratis. Si su bola está incrustada en el green, marque el lugar, levántela y límpiela, repare el daño causado por el impacto de la bola y vuelva a colocar la bola en su lugar original (Regla 13).

AGUA TEMPORAL EN EL VERDE - Alivio gratuito. Puede obtener alivio gratuito del agua temporal en el green, ya que se trata de una condición de curso anormal (Regla 16). Tome el alivio libre en el punto de alivio más cercano, no cerca del agujero, colocándolo en el lugar y dejándolo ir. Si la bola rueda, cámbiala de nuevo. Si se desplaza por segunda vez, coloque su bola en el punto más cercano (no más cerca del hoyo) donde no rueda (Regla 14).

CONSEJOS SOBRE LA LÍNEA DE JUEGO EN EL VERDE - No permitido. En las otras áreas del curso, puede preguntar sobre la línea de juego (por ejemplo, puede preguntar por la línea de juego si se encuentra en un bunker, barranco, etc.) muy profundo. No se le permite preguntar o aconsejar a otro jugador cómo se romperá un putt, o incurrirá en una penalización general. Puede preguntar o aconsejar a su compañero de juego (Regla 10).

NO SE PUEDE PROBAR VERDE DURANTE EL JUEGO. No se le permite rodar una pelota o frotar la hierba en el green que está a punto de jugar, o incurre en una penalización general. Entre los hoyos puede hacer esto en el green que acaba de jugar o en un green de práctica (Regla 13).

EL JUGADOR NO ESTÁ PERMITIDO ANCHOR PUTTER CONTRA SU CUERPO. No se le permite anclar su putter o cualquier palo directamente a su cuerpo o indirectamente a su cuerpo, como sostener un antebrazo contra su cuerpo durante un golpe o incurrir en una penalización general. El mango del putter que descansa contra su antebrazo no se considera como anclaje del

Putter contra su cuerpo si su antebrazo no está anclado a su cuerpo (Regla 10).

UN PUTT GOLSA A OTRA PELOTA EN EL VERDE: JUGADOR QUE GOTA A OTRA PELOTA EN EL RESTO EN EL VERDE MIENTRAS QUE PONE - Incurre en una penalización de 2 tiros en el juego por golpes. En juego por golpes, si estás en el green y tu putt golpea otra bola en reposo en el green, incurres en una penalización de 2 golpes. La bola que fue golpeada debe volver a colocarse donde estaba (Regla 11).

EL JUGADOR LLEVA EN EL BOLSO O LA PERSONA QUE LO ENCUENTRA: juegue como esté sin penalización. No hay penalización por golpear el alfiler o golpear accidentalmente a la persona que lo cuida y usted juega la pelota donde está en reposo (Reglas 11 y 13).

Si un palo u otro objeto (como el palo de bandera) se coloca intencionalmente en el green para detener el balón y lo golpeas con tu putt, incurrirás en una penalización general y el putt deberá repetirse (Regla 11).

UNA PELOTA QUE SE DESCONFERA CONTRA EL PELÍCULA Y LA PARTE DE LA PELOTA ESTÁ A CONTINUACIÓN, LA SUPERFICIE SE CONSIDERA DESAPARECIDA. Excepto cuando la bola está incrustada en el lado del agujero. Si la bola de un jugador se apoya contra la bandera que queda en el hoyo, si alguna parte de la bola está debajo de la superficie del putting green, la bola se trata como si la bola estuviera fuera de la superficie (Regla 13). Si una bola está incrustada en el lado del orificio, no se puede considerar que esté oculta a menos que toda la bola esté debajo de la superficie, ya que las palabras "apoyadas contra la bandera" implican que la bola está libre para moverse, por lo que Caer en el agujero si el flagstick no estaba allí. Una bola incrustada no estaría apoyada contra la bandera.

LA BOLA CAMBIA SOBRE EL AGUJERO: el tiempo máximo de espera para que caiga la bola es un tiempo de aproximación razonable más 10 segundos. Al jugador se le permite un tiempo razonable para llegar al hoyo más diez segundos más para esperar para ver si la bola que sobresale del hoyo caerá dentro del hoyo (Regla 13).

Si su bola no cae en el agujero durante este tiempo de espera, su bola se considera como en reposo. Pero si su bola cae en el hoyo después de que haya pasado este límite de tiempo y antes de que se juegue, se ha perforado con el golpe anterior, pero se le agrega un golpe de penalización a su puntaje para el hoyo (Regla 13).

PUNTOS DE CONCEDIMIENTO: OK en el partido, pero no en el juego por golpes. Puedes conceder un putt (o cualquier disparo) en el juego del partido al decirle a tu oponente que recoja. No está permitido conceder un putt en el juego por golpes y debes realizar un hoyo. Si un jugador recoge, incurre en 1 golpe de castigo. Además, debe reemplazar su bola y agujero o ser DQd (Reglas 3 y 9).

PERDER UN CLUB: debes jugar sin él a menos que se encuentre. Los jugadores a veces dejan un club alrededor de un green y pasan al siguiente hoyo. Si lo recuperas más tarde, puedes usarlo, pero si no, no puedes agregar otro club a tu bolsa o pedir prestado un club. Debes jugar sin él (Regla 4).

¡Nos encantaría saber de ti!

Imagen: Creative Commons

"Generalmente hay una manera de hacer las cosas mejor y Edison hay una oportunidad cuando la encuentras". - Thomas Edison

Si tiene una pregunta sobre una regla o una opinión diferente sobre una regla, háganoslo saber y envíenos sus comentarios por correo electrónico. Nuestro correo electrónico es TeamGolfwell@gmail.com.

Sobre los autores

TeamGolfwell son los autores más vendidos. Sus libros han vendido miles de copias, incluidos varios de los más vendidos del golf y el humor deportivo.

Póngase en contacto con nosotros en TeamGolfwell@Gmail.com para cualquier cosa. ¡Nos encanta escuchar de nuestros fans!

www.TeamGolfwell.com

Muchas gracias por su interés en nuestro libro y esperamos que haya disfrutado de nuestro libro y que le ayude.

Si le gustó nuestro libro, le agradeceríamos que deje una breve reseña en Amazon y / o Goodreads si tiene tiempo. Gracias y feliz golf!

Sinceramente,

El TeamGolfwell

www.ingramcontent.com/pod-product-compliance
Lightning Source LLC
Chambersburg PA
CBHW071408290426
44108CB00014B/1739